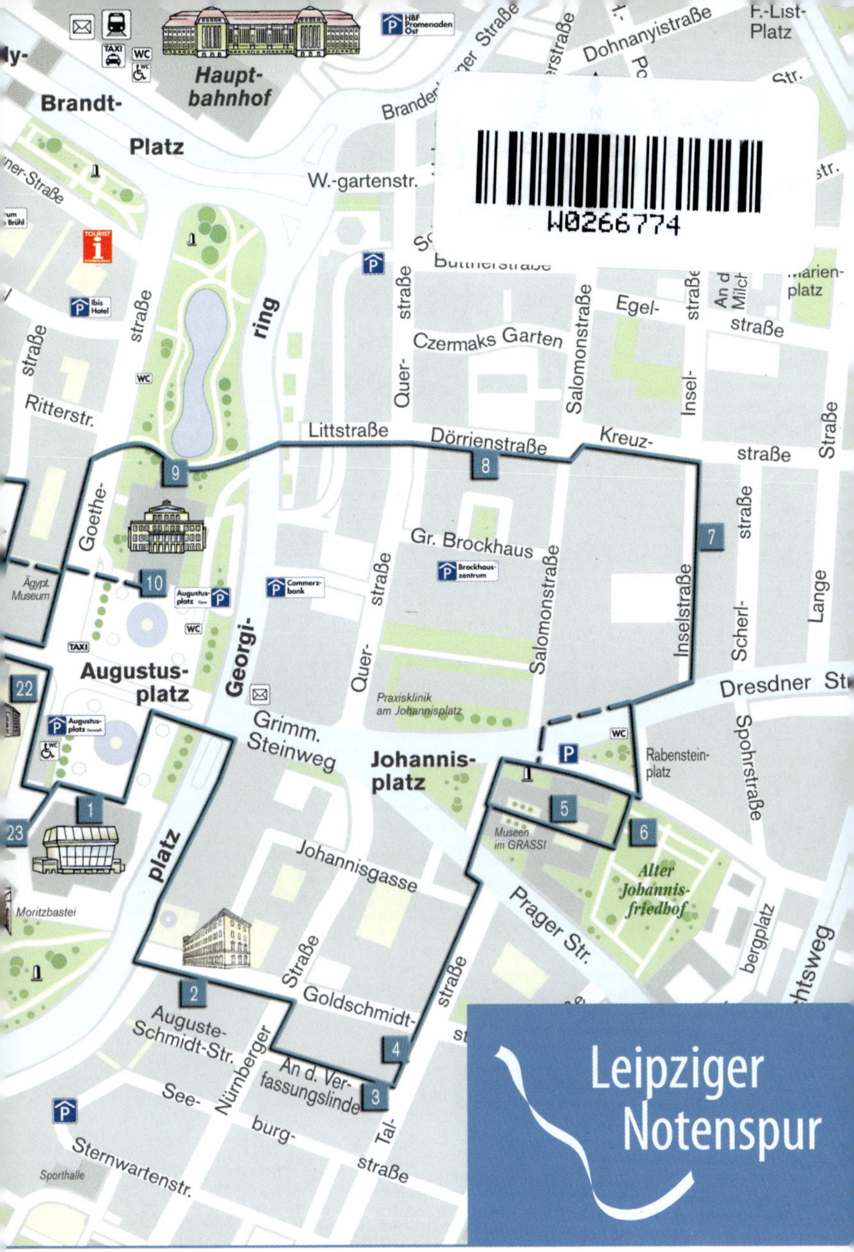

Station 14: Museum der bildenden Künste – Beethoven
Station 15: Zum Arabischen Coffe Baum
Station 16: Hôtel de Saxe
Station 17: Thomaskirche
Station 18: Bach-Museum
Station 19: Geburtshaus von Clara Wieck
Station 20: Altes Konservatorium
Station 21: Erstes Gewandhaus
Station 22: Paulinum – Aula und Universitätskirche St. Pauli
Station 23: MDR-Studio – Rundfunkklangkörper

Leipziger Notenspur

Auf Notenspur, Notenbogen und Notenrad – Streifzüge durch die Musikstadt

Kamprad

Inhaltsverzeichnis

Leipziger Notenrad

Vorwort

In Leipzig lebten und wirkten Georg Philipp Telemann und Johann Sebastian Bach, Felix Mendelssohn Bartholdy und Robert Schumann. In Leipzig erblickten Richard Wagner und Clara Wieck das Licht der Welt. Von Leipzig aus fanden Franz Schubert und Anton Bruckner weltweit Anerkennung als Sinfoniker. In Leipzig brachten Johannes Brahms, Edvard Grieg und viele andere Komponisten ihre Werke zur Uraufführung. Leipzig schließlich war für Gustav Mahler und Wilhelm Furtwängler eine prägende Station.

Doch nicht allein klangvolle Namen, deren Aufzählung noch lange fortgesetzt werden könnte, machen Leipzig zu einer Musikstadt ersten Ranges. In Leipzig schuf sich das Bürgertum eine musikalische Tradition, auf die keine andere Stadt blicken kann. Hier ist mit dem Gewandhausorchester das älteste nicht-höfische Orchester der Welt zu Hause. Hier, in der Hauptstadt der musikalischen Romantik, wurde das erste deutsche Konservatorium gegründet, das bis heute als Hochschule für Musik und Theater fortbesteht. Hier endlich sind zahlreiche historisch verbürgte Musik- und Musikerstätten in einer räumlichen Dichte zu finden, die einzigartig ist.

So ist es in Leipzig möglich, bei einem Stadtspaziergang über 300 Jahre Musikgeschichte an authentischen Orten zu erleben. Die „Leipziger Notenspur" will diesen Reichtum bündeln und verhindern, dass die Originalschauplätze des musikalischen Welterbes lediglich als „Leipziger Allerlei" wahrgenommen werden. Auf diese Weise mag die Notenspur Wirkung nach außen wie nach innen entfalten: gehaltvoll informierend für alle Gäste der Stadt, Identität stiftend für alle Leipzigerinnen und Leipziger.
Sie alle sind eingeladen, die Spuren der Noten in Leipzig zu erkunden: zu Fuß auf der zentralen Notenspur durch die Innenstadt oder auf dem Notenbogen durch die Gründerzeitviertel; per Fahrrad auf dem Notenrad bis an die Stadtgrenzen oder – mit welchem Verkehrsmittel auch immer – auf einem individuellen Streifzug, der nach Belieben die drei „Notenrouten" kreuzt. Wenn Sie dabei etwas entdecken, was uns entgangen sein könnte, teilen Sie es uns bitte mit. Denn die Leipziger Notenspur lebt – auch von Ihrer Mithilfe.

Claudius Böhm und Werner Schneider

Neues Gewandhaus

Seit seiner Gründung im Jahr 1743 war das Gewandhausorchester in verschiedenen Leipziger Spielstätten beheimatet. Über viele Jahre hinweg diente der ausgebaute Dachboden des Gewandhauses ↪ Notenspur-Station 21, dem das Orchester seinen Namen verdankt, als Konzertort. 1884 erhielt das Orchester ein eigenes Konzerthaus ↪ Notenbogen-Station 11, welches im Februar 1944, von Bomben getroffen, ausbrannte. Die Konzerte fanden vorübergehend in einem Varieté, dann in einem Filmtheater und schließlich in der Kongresshalle am Zoo statt. Was als kurzes Provisorium gedacht war, hatte über 30 Jahre hinweg Bestand. Erst 1977 wurde auf Initiative des Gewandhauskapellmeisters Kurt Masur mit dem Bau eines neuen Konzerthauses begonnen. Es entstand genau gegenüber dem 1960 eingeweihten Opernhaus ↪ Notenspur-Station 10 und wurde im Oktober 1981 als erster und einziger Konzerthausneubau der DDR eröffnet.
Das Neue Gewandhaus beeindruckt mit einem über 700 Quadratmeter großen Deckengemälde von Sighard Gille. Es ist die größte zeitgenössische Deckenmalerei Europas und entfaltet seine besondere Wirkung bei nächtlicher Beleuchtung. Das Konzerthaus beherbergt zwei Säle. Der Große Saal bietet über 1900 Besuchern Platz. Gekrönt wird er durch die Schuke-Orgel mit vier Manualen, 92 Registern und 6638 Pfeifen. Am Orgelprospekt ist der auf Lucius Annaeus Seneca zurückgehende Leitspruch „Res severa verum gaudium" (Wahre Freude ist eine ernste Sache) angebracht, der das Gewandhaus seit 1781 begleitet. Im Mendelssohn-Saal mit knapp 500 Plätzen finden neben Konzerten auch Tagungen und Kongresse statt.
Ungefähr 800 Veranstaltungen verschiedenster Art gibt es jährlich im Gewandhaus. An herausragender Stelle stehen dabei die circa 70 Sinfoniekonzerte des Gewandhausorchesters, das darüber hinaus auch das Orchester der Oper ist und zudem regelmäßig die Auftritte des Thomanerchors in der Thomaskirche ↪ Notenspur-Station 17 begleitet.

Neues Gewandhaus bei Nacht

Adresse:
Augustusplatz 8
04109 Leipzig

Kontakt:
Telefon: +49.341.1270280
ticket@gewandhaus.de
www.gewandhaus.de

Öffnungszeiten der Gewandhauskasse:
Montag bis Freitag 10 – 18 Uhr
an Konzerttagen durchgehend bis Konzertbeginn
Sonnabend 10 – 14 Uhr
und immer eine Stunde vor Konzertbeginn

Besichtigung des Hauptfoyers:
außerhalb der Konzerte
Montag bis Freitag 10 – 18 Uhr
Sonnabend 10 – 14 Uhr

Mendelssohn-Haus

Felix Mendelssohn Bartholdy kam 1835 nach Leipzig, um die Stelle des Gewandhauskapellmeisters anzutreten. Von den verschiedenen Quartieren, die er während seiner zwölfjährigen Amtszeit bewohnte, ist heute nur mehr eines erhalten. Das spätklassizistische Gebäude in der Königstraße 5 (heute Goldschmidtstraße 12) wurde 1844/45 errichtet; nach der Fertigstellung bezog Mendelssohn mit seiner Frau Cécile und vier Kindern – die jüngste Tochter kam wenige Wochen später zur Welt – die Wohnung in der Beletage. Hier lebte und komponierte er bis zu seinem frühen Tod am 4. November 1847.
Genau 150 Jahre später, am 4. November 1997, wurde in diesem Haus ein Museum eröffnet. Nach jahrzehntelanger Vernachlässigung des Gebäudes hatte es die Internationale Mendelssohn-Stiftung e.V. mit Hilfe vieler Förderer erworben und denkmalgerecht saniert. Die unter Verwendung originalen Mobiliars zum Teil wieder eingerichtete Wohnung gibt wertvolle Einblicke in das Familienleben und das Arbeitsumfeld Mendelssohns. Urkunden, Briefe, Notenautographe und Aquarelle sind beredte Zeugnisse für Mendelssohns Wirken; sie zeigen ihn als Komponisten, Kapellmeister und virtuosen Musiker, aber auch als Kulturpolitiker und Maler. Die Atmosphäre, in der Mendelssohn unter anderem sein Oratorium „Elias" komponierte, wird in seinem detailgetreu rekonstruierten Arbeitszimmer spürbar. Mittelpunkt der Wohnung und Treffpunkt bedeutender Künstler wie Robert und Clara Schumann, Niels W. Gade, Ignaz Moscheles und Joseph Joachim war der Musiksalon. Die Familientradition aus Berliner Tagen fortführend, wurden hier in „Sonntagsmusiken" Kompositionen und literarische Werke vorgestellt und diskutiert. Auch heute finden jeden Sonntag kammermusikalische Konzerte im Salon statt. Jährliche Veranstaltungshöhepunkte sind der Leipziger Klaviersommer und die vom Gewandhaus in Zusammenarbeit mit dem Mendelssohn-Haus und anderen Leipziger Institutionen durchgeführten Mendelssohn-Festtage im September.

Mendelssohn-Haus

Adresse:
Goldschmidtstraße 12
04103 Leipzig

Kontakt:
Telefon: +49.341.1270294
ims@mendelssohn-stiftung.de
www.mendelssohn-haus.de

Öffnungszeiten:
täglich 10 – 18 Uhr
jeden Sonntag 11 Uhr Konzert

Grieg-Begegnungsstätte

In den ehemaligen Räumen des Leipziger Verlags C. F. Peters wurde im November 2005 die „Edvard Grieg Gedenk- und Begegnungsstätte" eröffnet. Im Musiksalon auf der Beletage hatte Grieg dem Verlagsleiter Max Abraham persönlich seine neuesten Kompositionen vorgespielt. Heute finden hier Konzerte und Vorträge sowie Veranstaltungen der Deutsch-Norwegischen Freundschaftsgesellschaft statt. Eine Ausstellung zum Leben und Werk des bedeutenden Norwegers ist in den angrenzenden Räumen zu besichtigen.

Edvard Grieg kam 1858 als 15-Jähriger nach Leipzig, um an dem renommierten Konservatorium ↪ Notenspur-Station 20 Klavier und Komposition zu studieren. Anpassungsschwierigkeiten und sicherlich auch Heimweh ließen ihn seine insgesamt dreijährige Ausbildungszeit in schlechter Erinnerung behalten. Seine daraus resultierende Abneigung gegen die Stadt wandelte sich in späteren Jahren grundlegend, was befördert wurde durch den guten Kontakt zum Verlagshaus Peters. Bereits 1863 hatte Max Abraham mit dem noch kaum bekannten Grieg Verbindung aufgenommen und dessen Opera 1 und 2 drucken lassen. Auch die nachfolgenden Werke des Norwegers wurden bei C. F. Peters in Leipzig veröffentlicht. 1889 schloss Grieg schließlich mit Peters einen Generalvertrag ab, der dem Verlag das alleinige Recht der Publikation seiner Werke sicherte. Aus dem anfangs rein geschäftlichen Verhältnis zum Verlagsleiter entwickelte sich eine Freundschaft, die Grieg mit Abraham bis zu dessen Tod im Jahre 1900 verbinden sollte. Das Haus in der Talstraße 10 war für den Komponisten nicht nur Sitz seines Verlags, sondern während der zahlreichen Aufenthalte in Leipzig auch häufig Domizil; gemeinsam mit seiner Frau Nina bewohnte er eine kleine Wohnung im Dachgeschoss.

Als Pianist war Grieg häufig zu Gast im Gewandhaus ↪ Notenbogen-Station 11, wo auch mehrere seiner Werke uraufgeführt wurden. So erklang hier am 10. Dezember 1887 erstmals seine Violinsonate op. 45, im Jahr darauf, am 1. November, wurde die erste Peer-Gynt-Suite aus der Taufe gehoben.

Ehemaliges Verlagshaus C. F. Peters

Adresse:
Talstraße 10
04103 Leipzig

Kontakt:
Telefon: +49.341.9939661
info@edvard-grieg.de
www.edvard-grieg.de

Öffnungszeiten:
Mittwoch bis Freitag 14–17 Uhr
Samstag 10–14 Uhr
und nach Vereinbarung

Musikbibliothek Peters

In diesem Gebäude, das heute ausschließlich als Wohnhaus genutzt wird, befand sich ehemals die Musikbibliothek Peters. Sie war weltweit die erste öffentlich zugängliche Fachbibliothek ihrer Art, die zudem – ebenfalls ein Novum – von Frauen benutzt werden durfte. Gegründet von Max Abraham, dem Inhaber des Musikverlags C. F. Peters, ist sie 1894 in der Königstraße 26 (heute Goldschmidtstraße) eröffnet worden. Abraham verfügte testamentarisch, dass er die Bibliothek als Stiftung zugunsten der Stadt Leipzig verstanden wissen wollte. Sein Neffe Henri Hinrichsen, der als Alleinerbe Abrahams Nachfolge als Verlagsleiter antrat, erkannte diese Verfügung an. 1938 erhielt Hinrichsen als Jude Berufsverbot; es folgte der Zwangsverkauf des Verlags. Hinrichsen wurde deportiert und im Konzentrationslager Auschwitz-Birkenau ermordet. 1945 erhielt sein Sohn Walter den Verlag wie auch die Peters-Bibliothek zurück. Mit einem Teil des Verlags- und Bibliotheksbestands gründete er 1950 mit seinem Bruder Max in Frankfurt am Main die Edition Peters GmbH. Der Leipziger Verlag wurde zum Volkseigenen Betrieb erklärt und die Peters-Bibliothek in die Städtische Musikbibliothek eingegliedert. Einem 1990 von der Witwe Walter Hinrichsens gestellten Antrag auf Rückgabe von Peters-Verlag und -Bibliothek wurde stattgegeben, für Letztere jedoch ein unbefristeter Dauerleihvertrag abgeschlossen, der den Verbleib in Leipzig sichern sollte. 2004 wurde der Vertrag gekündigt; seitdem droht der Bibliothek die Zerstreuung ihrer Bestände. Besonders wertvoll sind die rund 500 Autographe der Peters-Bibliothek, unter denen sich Handschriften von Johann Sebastian Bach, Joseph Haydn, Felix Mendelssohn Bartholdy und Robert Schumann befinden.
Diese Notenspur-Station will auch an den Rang Leipzigs als Stadt historisch bedeutsamer Bibliotheken und Musiksammlungen erinnern. Dazu gehören die auf das Jahr 1543 zurückgehende Universitätsbibliothek, die 1677 gestiftete Stadtbibliothek und die 1912 gegründete Deutsche Bücherei.

Ehemaliges Gebäude der Musikbibliothek Peters

Standort:
Goldschmidtstraße 26

Grassi-Museum für Musikinstrumente

Das Grassi-Museum beherbergt neben den Museen für Angewandte Kunst und für Völkerkunde auch die zweitgrößte Musikinstrumentensammlung Europas. Den Grundstein für die inzwischen mehr als 5000 Instrumente umfassende Sammlung legte der in Leipzig lebende Holländer Paul de Wit. Der Musikliebhaber und leidenschaftliche Sammler eröffnete 1886 am Thomaskirchhof 16, dem heutigen Bosehaus ↪ Notenspur-Station 18, ein Museum mit dem Ziel, die Musikgeschichte durch ausgestellte Instrumente und historisches Musizieren wieder zum Leben zu erwecken. 1905 verkaufte er allerdings seine Kollektion an den Kölner Papierfabrikanten Wilhelm Heyer, der sie um zahlreiche wertvolle Stücke erweiterte. 21 Jahre später gelang es der Universität Leipzig, den gesamten Bestand zurückzuholen. Am 30. Mai 1929 konnte das Musikinstrumentenmuseum im Nordflügel des neu errichteten Grassikomplexes eröffnet werden. Als Teil der Universität dient es seither der Forschung und der Lehre und präsentiert zugleich als öffentliches Museum seine Schätze einem breiten Publikum.
Zu sehen sind Kostbarkeiten wie das älteste datierte Clavichord von Domenicus Pisaurensis aus dem Jahre 1543 oder der älteste original erhaltene Hammerflügel, vom Erfinder der Hammermechanik Bartolomeo Cristofori 1726 gebaut, außerdem Meisterwerke aus Leipziger Werkstätten der Bach-Zeit, Zeugnisse des frühen Leipziger Klavierbaus, Musikautomaten und Kuriositäten wie Taschengeigen und Giraffenflügel. Im Zusammenklang mit Musikbeispielen in dreidimensionaler Wiedergabe, einer Hologramm-Installation, dem Klanglabor und der Kinoorgel im Großen Vortragssaal lassen sie Musikgeschichte für alle Sinne lebendig werden. Einen Beitrag dazu leisten ebenfalls zahlreiche Vorführungen und Konzerte, bei denen Musiker und Restauratoren die Besonderheiten der historischen Instrumente erläutern.

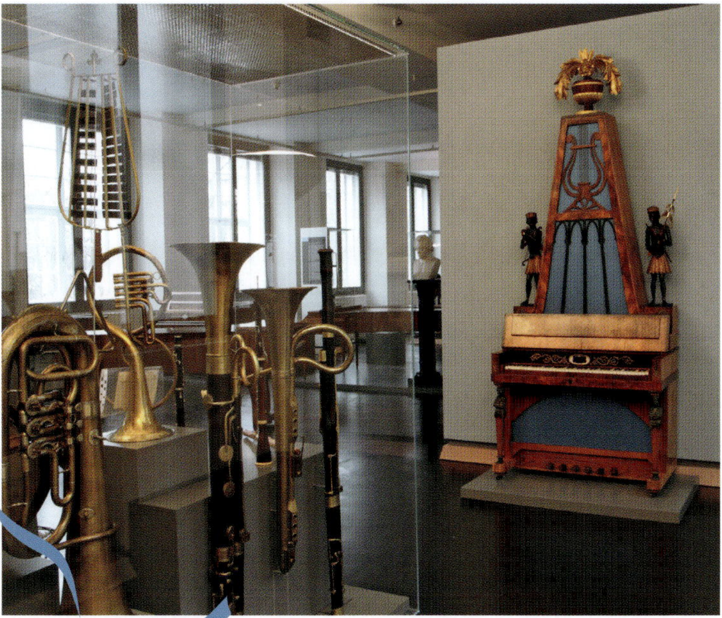

Blick in die Ausstellung des Museums für Musikinstrumente

Adresse:
Johannisplatz 5 – 11
04103 Leipzig

Kontakt:
Telefon: +49.341.9730750
musik.museum@uni-leipzig.de
mfm.uni-leipzig.de

Öffnungszeiten:
Dienstag bis Sonntag 10 – 18 Uhr

Alter Johannisfriedhof

Als landschaftliches Kleinod besonderer Art lädt der zum Park umgestaltete Alte Johannisfriedhof mit seinem herrlichen alten Baumbestand, mit Efeu umrankten Mauern, Plastiken aus Renaissance bis Jugendstil, mit dekorativen Stelen und historischen Grabsteinen zum Spaziergang ein. Der bereits im 14. Jahrhundert angelegte Friedhof wurde 1536 von Herzog Georg zur allgemeinen Begräbnisstätte der Stadt Leipzig bestimmt. Die Friedhofsanlage umschloss die Johanniskirche und musste in den folgenden Jahrhunderten mehrfach erweitert werden. Die letzte Beisetzung fand hier 1883 statt. Im 20. Jahrhundert wurde das große Areal zum Teil bebaut, zum Teil als museale Parkanlage umgestaltet.

Viele bedeutende Leipziger haben auf dem Johannisfriedhof ihre letzte Ruhestätte gefunden. Für Musikliebhaber dürfte die gemeinsame Grabstätte von Richard Wagners Mutter Johanna und seiner Schwester Rosalie von besonderem Interesse sein. Auch das Grab von Thomaskantor Christian Theodor Weinlig, der als Lehrer von Richard Wagner und Clara Wieck in die Geschichte einging, ist erhalten. Die letzte Ruhestätte von Johann Friedrich Rochlitz, der ein bedeutendes Stück Leipziger Musikgeschichte als Musikkritiker und Redakteur der überregional verbreiteten *Allgemeinen musikalischen Zeitung* schrieb, ist hier ebenso zu finden wie die von Carl Friedrich Zöllner, der mit seinem Lied „Das Wandern ist des Müllers Lust" Unsterblichkeit erlangt hat.

Auch Johann Sebastian Bach wurde 1750 auf diesem Friedhof beigesetzt. Da sein Grab keinen Denkstein besaß, war es bald vergessen. Nachdem man es Ende des 19. Jahrhunderts im Zuge von Umbaumaßnahmen an der Kirche wieder ausfindig gemacht hatte, bettete man die Gebeine des Thomaskantors in eine Gruft der Johanniskirche. Nach deren Zerstörung im Zweiten Weltkrieg wurden sie 1949 in die Thomaskirche ↪ Notenspur-Station 17 überführt.

Grabstätte der Mutter und der Schwester Richard Wagners

Lage:
Haupteingang Johannisplatz,
hinter dem Grassi-Museum;
Seiteneingänge an Prager Straße und Täubchenweg

Öffnungszeiten:
März bis Oktober täglich 10 – 18 Uhr
November bis Februar täglich 10 – 16 Uhr

Schumann-Haus

Das repräsentative Gebäude in der Inselstraße 18, erbaut in den Jahren 1838 bis 1840, wurde durch zwei seiner ersten Bewohner berühmt. Robert und Clara Schumann bezogen nach ihrer Eheschließung, die sie gegen den Willen von Claras Vater Friedrich Wieck vor Gericht erkämpften, im September 1840 das „Logis Erste Etage rechts" und bewohnten es bis zu ihrem Umzug nach Dresden im Dezember 1844.
Die Jahre in der Inselstraße waren eine Zeit fruchtbaren Schaffens. Allein die Vielzahl der Kompositionen von Robert und auch Clara belegt dies. Robert Schumann komponierte hier unter anderem die „Frühlingssinfonie", den ersten Satz des Klavierkonzerts a-Moll, Kammermusikwerke und Liederzyklen, Clara Schumann ihre Liedsammlung op. 13 und mehrere Klavierwerke. Vielfältige Anregungen brachten der Gedankenaustausch und das gemeinsame Musizieren mit den zahlreichen Gästen des Künstlerpaars. Besucher in der Inselstraße waren Felix Mendelssohn Bartholdy, Franz Liszt, Hector Berlioz und Richard Wagner, um lediglich die bekanntesten zu nennen.
Heute befinden sich im Haus die musisch orientierte Freie Grundschule „Clara Schumann" und ein Museum. In ausgewählten Bereichen der ehemaligen Schumannschen Wohnung, die nach restauratorischen Befunden wiederhergestellt ist, kann der Besucher eine Ausstellung betrachten, die dem Leben und Wirken von Robert und Clara Schumann in Leipzig sowie den Gästen des Künstlerpaars gewidmet ist. Ein besonders wertvolles Ausstellungsstück ist ein Konzertflügel aus der Werkstatt von Wilhelm Wieck, gebaut um 1860.
Der Robert-und-Clara-Schumann-Verein Leipzig veranstaltet regelmäßig Konzerte im originalgetreu rekonstruierten Schumann-Saal und richtet einmal im Jahr, immer um den Hochzeitstag des Künstlerpaars (12. September) und um Clara Schumanns Geburtstag (13. September) herum, die Schumann-Festwoche aus. Ein Konzert der Festwoche findet traditionell in der Gedächtniskirche Schönefeld ↪ Notenrad-Station 13, der Traukirche der Schumanns, statt.

Schumann-Haus bei Nacht

Adresse:
Inselstraße 18
04103 Leipzig

Kontakt:
Telefon: +49.341.3939620
info@schumann-verein.de
www.schumann-verein.de

Öffnungszeiten:
Mittwoch bis Freitag 14 – 17 Uhr
Samstag und Sonntag 10 – 17 Uhr
Sonderregelungen an Feiertagen

Grafisches Viertel – Musikverlage

Leipzig entwickelte sich im 19. Jahrhundert zu einer europäischen Musikmetropole ersten Ranges. Eine wichtige Rolle spielten hierbei die Musikverlage, die vorrangig im „Grafischen Viertel" östlich des Stadtzentrums angesiedelt waren. Die Konzentration verschiedener Verlage und Druckereien gab dem Viertel seinen Namen.
Die Geschichte des deutschen Musikverlagswesens prägten vor allem die Verlage Breitkopf & Härtel, C. F. Peters und Friedrich Hofmeister. Die älteste dieser Firmen ist der 1719 durch Bernhard Christoph Breitkopf gegründete Verlag Breitkopf. Er wurde 1795 von seinem zweiten Namensgeber Gottfried Christoph Härtel übernommen und bekannt durch Erstdrucke zahlreicher Werke von Ludwig van Beethoven, Felix Mendelssohn Bartholdy, Robert Schumann, Franz Liszt und Richard Wagner. Maßstäbe setzte ebenfalls der Verlag C. F. Peters mit seinen im frühen 19. Jahrhundert publizierten Bach-Ausgaben. 1800 durch Franz Anton Hoffmeister und Ambrosius Kühnel als „Bureau de Musique" gegründet, erlangte er mit der 1867 ins Leben gerufenen „Edition Peters" Weltgeltung. Klassikerausgaben und Unterrichtswerke in lindgrünem Umschlag wurden zu seinen Markenzeichen. Zu den bis heute bestehenden Verlagshäusern gehört auch der nach seinem Gründer benannte, 1807 eröffnete Friedrich Hofmeister Musikverlag. Er brachte neben Werken von Ignaz Moscheles und Heinrich Marschner unter anderem Frühwerke Robert Schumanns und Clara Wiecks heraus.
Erster Weltkrieg und Weltwirtschaftskrise trieben viele Leipziger Musikverlage in den Ruin. Das Grafische Viertel wurde im Zweiten Weltkrieg weitgehend zerstört; nach 1945 siedelten die meisten der noch existierenden Verlage in den westlichen Teil Deutschlands um. Heute befinden sich in Leipzig lediglich Dependancen von Breitkopf & Härtel und C. F. Peters, während der Hofmeister Verlag mittlerweile ganz an seinen Gründungsort zurückgekehrt ist.

Historische Ansicht des Grafischen Viertels (um 1900)

Standorte:
Breitkopf & Härtel
ehemals Nürnberger Straße 36/38
heute Bauhofstraße 3–5
04103 Leipzig

C. F. Peters Verlag
ehemals Talstraße 10
heute Gerichtsweg 28
04103 Leipzig

Friedrich Hofmeister Musikverlag
Büttnerstraße 10
04103 Leipzig

Wagner-Denkmal

Richard Wagner kam am 22. Mai 1813 im Gasthof „Zum roten und weißen Löwen“ ↪ Notenbogen-Station 1 zur Welt und wurde drei Monate später in der Thomaskirche ↪ Notenspur-Station 17 getauft. Nach dem frühen Tod seines Vaters und der neuerlichen Eheschließung seiner Mutter zog die Familie 1814 nach Dresden. Als 14-Jähriger kehrte Richard Wagner 1827 nach Leipzig zurück. Er wurde Schüler an der Nikolaischule ↪ Notenspur-Station 11, die er bis Ostern 1830 besuchte. Im Juni desselben Jahres wechselte er an die Thomasschule, und im Februar 1831 immatrikulierte er sich an der Universität Leipzig als „Studiosus Musicae“. Sein Studium vernachlässigte er jedoch ebenso wie zuvor seine Schulausbildung. Die musiktheoretischen Grundlagen erlernte er bei Thomaskantor Christian Theodor Weinlig, der ihn von Herbst 1831 bis Frühsommer 1832 unterrichtete. Erste Kompositionen entstanden, von denen einige in Leipzig zur Aufführung kamen. Der Weg des Komponisten war vorgezeichnet, doch gelang es ihm nicht, in seiner Geburtsstadt Fuß zu fassen. 1834 übernahm er daher das Amt des Musikdirektors der Magdeburger Theatergesellschaft.

Noch zu Lebzeiten Wagners würdigten die Leipziger sein Schaffen, indem sie 1881 eine Marmorbüste des Komponisten im Neuen Theater, dem Aufführungsort zahlreicher Wagner-Opern, aufstellten. Eine Büste schmückte auch die Fassade des sogenannten Wagnerhauses am Brühl 3 ↪ Notenbogen-Station 1. Aus Anlass seines 100. Todestags wurde 1983 am Schwanenteich hinter dem Opernhaus eine überlebensgroße Bronzebüste Wagners enthüllt, deren Entstehung allerdings bis 1904 zurückreicht. Max Klinger hatte für das Musikzimmer, mit dem sich die Stadt Leipzig auf der Weltausstellung 1904 in St. Louis präsentierte, eine monumentale Wagner-Büste in weißem griechischen Marmor geschaffen. Abgüsse der Büste kamen 1926 aus Klingers Nachlass in das Museum der bildenden Künste Leipzig ↪ Notenspur-Station 14 und dienten als Vorlage für das 1982 gegossene Denkmal.

Wagner-Denkmal

Standort:
Georgiring, am Schwanenteich hinter dem Opernhaus

Oper Leipzig

Die Oper Leipzig steht in der Tradition von mehr als 300 Jahren Opernpflege in der Messestadt. Mit der Errichtung der ersten Spielstätte am Brühl 1693 entstand das dritte bürgerliche Musiktheater Europas neben jenen in Hamburg und Venedig. Ab 1766 war das „Komödienhaus" auf der Ranstädter Bastei ↪ Notenbogen-Station 2 für ein Jahrhundert Schauplatz bedeutender Opernaufführungen, bis 1868 das Neue Theater am Augustusplatz eröffnet wurde. Der Neubau zeichnete sich durch eine geräumige Bühne mit einer Fläche von 700 Quadratmetern aus und bot 2000 Besuchern Platz. 1878 wurde hier erstmals außerhalb des Bayreuther Festspielhauses Richard Wagners „Ring"-Tetralogie aufgeführt. Berühmte Kapellmeister jener Jahre waren Anton Seidl, Arthur Nikisch und Gustav Mahler.

In den ersten Jahrzehnten des 20. Jahrhunderts öffnete sich die Oper Leipzig in besonderem Maße für zeitgenössische Werke. Ernst Kreneks Oper „Jonny spielt auf" wurde hier ebenso uraufgeführt wie Bertolt Brechts und Kurt Weills „Aufstieg und Fall der Stadt Mahagonny". Nach der Zerstörung des Neuen Theaters 1943 entstand an gleicher Stelle das heutige Opernhaus, bei dem die spätklassizistischen Formen des Vorgängerbaus andeutungsweise wieder aufgenommen wurden. Erneut legte man auf eine große Bühne Wert; der Zuschauerraum fasst heute knapp 1300 Besucher. 1960 wurde das neue Opernhaus mit Wagners „Meistersingern" eröffnet. In der Folgezeit prägten vor allem Joachim Herz' Inszenierungen das Haus und strahlten auf das europäische Musiktheater der 60er und 70er Jahre aus.

Seit über 200 Jahren obliegt die musikalische Ausführung dem Gewandhausorchester. Neben Opernaufführungen finden regelmäßig auch Ballettabende statt. Zur Oper gehört außerdem die Musikalische Komödie mit eigener Spielstätte in Leipzig-Lindenau.

Oper Leipzig

Adresse:
Augustusplatz 12
04109 Leipzig

Kontakt:
Telefon: + 49.341.12610
service@oper-leipzig.de
www.oper-leipzig.de

Öffnungszeiten der Kasse:
Montag bis Freitag 10 – 20 Uhr
Samstag 10 – 18 Uhr
und immer eine Stunde vor Vorstellungsbeginn

Alte Nikolaischule

Die Nikolaischule war die erste städtische Bürgerschule in Leipzig. Bereits 1395 genehmigte Papst Bonifatius IX. die Gründung einer Stadtschule unter dem Patronat des Rates; sie wurde jedoch erst reichlich ein Jahrhundert später eröffnet. 1511 bekam die Schule die Küsterei am Nikolaikirchhof zugewiesen, die 1512 wegen Baufälligkeit abgebrochen und neu errichtet wurde. Durch die bauliche Vereinigung mit einem Nachbargebäude am Nikolaikirchhof und dem Eckhaus zur Nikolaistraße erhielt das Schulgebäude im Verlauf der nächsten Jahrhunderte seine heutige Größe und Gestalt. Den Namen Schola Nicolaitana verdankt die Lehranstalt hauptsächlich ihrer unmittelbaren räumlichen Nähe zur Nikolaikirche ↪ Notenspur-Station 12; mit dieser stand sie aber nur in loser organisatorischer Verbindung.

Bis 1872 diente das Gebäude Schulzwecken. Zu den berühmtesten Schülern gehörten Gottfried Wilhelm Leibniz, Christian Thomasius und Johann Gottfried Seume. Auch Richard Wagner besuchte von 1828 bis 1830 die Nikolaischule. Sie ist einer der wenigen authentischen Wagner-Orte, die in Leipzig noch erhalten sind. Wagner war kein Musterschüler, wie er selbst in seiner Autobiographie zugibt: „Der Verfall meiner Studien und mein völliges Abweichen von den Pfaden einer regelmäßigen Schulausbildung schreibt sich von meinem Eintritt in Leipzig her, und vielleicht war der Hochmut des Schulpedantismus daran schuld." Seinen „phantastischen Neigungen" entsprechend konzentrierte er sich nicht auf Schulstudien, sondern dichtete „Leubald und Adelaide", ein großes Trauerspiel in fünf Akten nach dem Vorbild Shakespeares. Seine häufige Abwesenheit führte dazu, dass er Ostern 1830 die Schule verlassen musste.

Heute ist das restaurierte ehemalige Schulgebäude Sitz der Kulturstiftung Leipzig. Es beherbergt außerdem das Antikenmuseum der Universität Leipzig und eine Gaststätte. Im Vorraum der Aula in der zweiten Etage befindet sich eine kleine Dauerausstellung zur Geschichte des Hauses.

Alte Nikolaischule

Adresse:
Nikolaikirchhof 2
04109 Leipzig

Kontakt:
Telefon: +49.341.2118518
kulturstiftungleipzig@t-online.de
www.kulturstiftungleipzig.de

Besichtigung der Ausstellung:
nur bei Veranstaltungen in der Aula möglich

Öffnungszeiten des Antikenmuseums:
Dienstag bis Donnerstag sowie Samstag und Sonntag 12 – 17 Uhr

Nikolaikirche

Die um 1180 erbaute Nikolaikirche ist die älteste Stadtkirche Leipzigs. Ihr heutiges Erscheinungsbild hat sie in mehreren Bauphasen erhalten. Das Kircheninnere wurde zuletzt 1785 bis 1796 vollständig im Stil des Klassizismus umgestaltet.
Viele namhafte Organisten wirkten an Leipzigs Hauptpfarrkirche. Die wohl berühmtesten waren Johann Rosenmüller, der das Amt von 1651 bis 1655 bekleidete, und sein Nachfolger Adam Krieger, Organist bis 1657. Bekannt geworden sind sie vor allem durch ihr umfangreiches kompositorisches Schaffen, das noch heute gepflegt wird.
Die Aufführung konzertanter Kirchenmusik in St. Nikolai gehörte lange Zeit zu den Pflichten des Thomaskantors. Am 30. Mai 1723 trat Johann Sebastian Bach mit einer Kantatenaufführung im Rahmen des Gottesdiensts in St. Nikolai sein Amt als Thomaskantor und städtischer „Director musices" an. Es war Tradition, dass die sonntäglichen Kantatenaufführungen im wöchentlichen Wechsel in einer der beiden Hauptkirchen Leipzigs stattfanden. Bachs Kantaten und Passionen wurden also während seiner gesamten Amtszeit abwechselnd in der Thomas- und der Nikolaikirche aufgeführt.
Mitte der 1850er Jahre wurde Friedrich Ladegast mit dem Bau einer neuen Orgel für die Nikolaikirche beauftragt. 1862 konnte sie als die größte Kirchenorgel Leipzigs eingeweiht werden. Sie wurde in den Jahren 1902 und 1903 erweitert; 2004 erfolgte ein neuerlicher Umbau, wobei darauf Wert gelegt wurde, die historische Substanz weitestgehend zu integrieren.
Durch die Friedensgebete, die auch heute noch jeden Montag 17 Uhr stattfinden, wurde die Nikolaikirche 1989 zu einem Ausgangspunkt der friedlichen Revolution in der DDR. Eine im Nikolaikirchhof errichtete Säule – jenen nachempfunden, die den Kirchenbau stützen – erinnert an die Bedeutung Leipzigs und der Nikolaikirche für die friedliche Revolution.

Nikolaikirche, Blick zum Altarraum

Adresse:
Nikolaikirchhof 3
04109 Leipzig

Kontakt:
Telefon: +49.341.9605270
kg.leipzig_stnicolai_stjohannis@evlks.de
www.nikolaikirche-leipzig.de

Öffnungszeiten:
Montag bis Samstag 10–18 Uhr
Sonntag zu den Gottesdiensten 9.30, 11.15 und 17 Uhr

Altes Rathaus

Das 1556 unter der Leitung des Bürgermeisters Hieronymus Lotter erbaute Rathaus am Markt bildete jahrhundertelang das politische Zentrum Leipzigs. Erst 1905 siedelte die Stadtverwaltung in das Neue Rathaus über, woraufhin das nunmehr Alte Rathaus als Stadtgeschichtliches Museum eingerichtet wurde. Heute sind darin unter anderem wertvolle Reliquien der Leipziger Musikgeschichte zu besichtigen. In der Ratsstube unterschrieb Johann Sebastian Bach im Mai 1723 seinen Anstellungsvertrag als Thomaskantor und „Director musices". Der Raum neben der Ratsstube ist daher Bach gewidmet. Zu sehen sind unter anderem der Textdruck einer Bach-Kantate, historische Gesangbücher und ein Exemplar der Thomasschulordnung von 1723. Einen zentralen Platz nimmt das berühmte Bach-Porträt Elias Gottlob Haussmanns ein. Das Altersbildnis aus dem Jahr 1746 gehört zu den wenigen authentischen Darstellungen Bachs überhaupt. Ein weiterer Ausstellungsraum befasst sich mit der Leipziger Musiktradition: der Kirchenmusik vor Bach, der Stadtmusik und der frühen Gewandhausgeschichte. Hier sind Raritäten wie Programmzettel der ersten Gewandhauskonzerte, das Modell des ersten Gewandhaussaals und das Dirigentenpult aus jenem Konzertsaal ausgestellt.

Im ersten Obergeschoss des Alten Rathauses befindet sich der mit zahlreichen Porträts Leipziger Ratsherren geschmückte Festsaal. Er wird regelmäßig für Empfänge und Konzerte genutzt. Allerdings müssen die Musiker heute nicht mehr auf dem sogenannten Pfeiferstuhl Platz nehmen, einem Balkon an der Nordseite des Saales, von dem aus die Stadtpfeifer einstmals zu festlichen Anlässen aufspielten. Im Eingangsbereich des Saales ist ein von Johann Christoph Merzdorf geschaffenes Stadtmodell aufgestellt, welches detailgetreu den baulichen Zustand Leipzigs um 1820 wiedergibt.

Altes Rathaus

Adresse:
Markt 1
04109 Leipzig

Kontakt:
Telefon: +49.341.9651320
stadtmuseum@leipzig.de
www.stadtgeschichtliches-museum-leipzig.de

Öffnungszeiten:
Dienstag bis Sonntag und an Feiertagen 10 – 18 Uhr

Museum der bildenden Künste – Beethoven

Obwohl er Leipzig wohl nur einmal besuchte, unterhielt Ludwig van Beethoven enge Beziehungen zu dieser Stadt. Ein wichtiger Teil seiner Werke wurde hier vom renommierten Musikverlag Breitkopf & Härtel ↪ Notenspur-Station 8 herausgegeben, darunter die 5. und 6. Sinfonie, die Oper „Fidelio", das 5. Klavierkonzert und die Schauspielmusik zu Goethes „Egmont". Einige Werke wurden zudem in Leipzig uraufgeführt. Im Komödienhaus ↪ Notenbogen-Station 2 erklang im November 1796 erstmals die Sopranarie „Ah, perfido", und im Gewandhaus ↪ Notenspur-Station 21 erlebten im Februar 1808 das „Tripelkonzert" und im November 1811 das 5. Klavierkonzert ihre Uraufführung.

Da nicht bekannt ist, wo sich Beethoven in Leipzig aufgehalten hat, ist ihm auf der Notenspur ein „Kunstort" gewidmet: das Museum der bildenden Künste. Hier kann man eines der weltweit bedeutendsten musikbezogenen Werke der bildenden Kunst bewundern – Max Klingers Beethoven-Plastik. Klinger, der die Formensprache der Antike wiederbeleben wollte, zeigt Beethoven als olympische Gottheit. Der Komponist sitzt mit nacktem Oberkörper auf einem reich dekorierten Thron, der mit allegorischen Szenen geschmückt ist. Von 1885 bis 1902 hat Klinger an dem 3,10 Meter hohen, polychromen Kunstwerk gearbeitet. Heute steht es im eigens dafür konzipierten Klinger-Saal des Museumsneubaus, flankiert von den Skulpturen „Kassandra" und „Salome".

Das Museum besitzt jedoch noch weitere musikbezogene Kunstwerke. Max Klingers Grafikzyklus „Brahms-Phantasie" und seine Entwürfe zu einem Richard-Wagner-Denkmal sind ebenso im Besitz des Hauses wie das Gemälde „Die Toteninsel" von Arnold Böcklin, das Max Reger und Sergej Rachmaninow zu Sinfonischen Dichtungen inspirierte.

Musikhistorisch bedeutsam ist auch der Standort des Museums. In unmittelbarer Nachbarschaft befand sich das 1943 zerstörte Zimmermannsche Kaffeehaus, in dem Johann Sebastian Bach viele Jahre regelmäßig mit dem 1702 von Georg Philipp Telemann gegründeten Collegium musicum musizierte.

Max Klingers „Beethoven"

Adresse:
Katharinenstraße 10
04109 Leipzig

Kontakt:
Telefon: +49.341.216990
mdbk@leipzig.de
www.mdbk.de

Öffnungszeiten:
Dienstag 10–18 Uhr
Mittwoch 12–20 Uhr
Donnerstag bis Sonntag 10–18 Uhr

Zum Arabischen Coffe Baum

Das Haus „Zum Arabischen Coffe Baum" ist eines der ältesten kontinuierlich betriebenen Kaffeehäuser Europas. Seit 1711 wird hier das beliebte Heißgetränk ausgeschenkt. Ende des 17. Jahrhunderts eröffnete in Leipzig der erste Kaffeeausschank. In kurzer Zeit folgte die Gründung weiterer Kaffeehäuser, die sich wie in vielen anderen europäischen Städten zum Mittelpunkt des gesellschaftlichen Lebens entwickelten. Hier erfuhr man Neuigkeiten, las Zeitungen aus aller Welt, versammelten sich Bürger unterschiedlichster Profession zum Meinungsaustausch. Meist ausgestattet mit Billardtisch, Klavier und Kanapee, wurden sie zum beliebten Treffpunkt für Künstler, Schriftsteller und Gelehrte.
Einer der zahlreichen berühmten Besucher des Leipziger „Kaffeebaums" war Robert Schumann. In den Jahren 1833 bis 1840 traf er sich regelmäßig am Stammtisch im linken vorderen Gastraum zum Gedankenaustausch mit Gleichgesinnten. Dazu gehörten unter anderem der Musikpädagoge Friedrich Wieck (sein späterer Schwiegervater), der Maler Peter Lyser, der Schriftsteller und Journalist Karl Herloßsohn sowie die Musiker Ludwig Schunke und Julius Knorr. Den Freundeskreis, dessen Mitglieder sich „Davidsbündler" nannten, einte der Wunsch, neue musikalische Wege einzuschlagen. Um ihren Vorstellungen öffentlich Ausdruck verleihen zu können, gründeten Schumann, Schunke und Knorr die *Neue Zeitschrift für Musik*, die oftmals am Stammtisch im Kaffeebaum redigiert und besprochen wurde. Heute trägt die von Schumann und seinen Freunden bevorzugte Gaststube den Namen Schumann-Zimmer. Viele Fotos, Zeichnungen und Kopien an den Wänden dieses Raumes erinnern an weitere namhafte Gäste, darunter Edvard Grieg, William Sterndale Bennett, Richard Wagner, Franz Lehár und Arthur Nikisch. Im dritten Stock des Hauses befindet sich ein Museum mit mehr als 500 Ausstellungsstücken rund um das Thema Kaffee.

Haus „Zum Arabischen Coffe Baum"

Adresse:
Kleine Fleischergasse 4
04109 Leipzig

Kontakt:
Telefon: +49.341.9610060
Coffe-Baum@t-online.de
www.coffe-baum.de

Öffnungszeiten des Museums:
täglich 11 – 19 Uhr

Hôtel de Saxe

In der Klostergasse 9 erinnert ein barockes Portal an das Hôtel de Saxe. Das Haus war Quartier vieler berühmter Besucher Leipzigs. Beispielsweise nächtigte hier 1796 Wolfgang Amadeus Mozarts Witwe Constanze. Im Gepäck hatte sie die Partitur des Requiems ihres verstorbenen Mannes, so dass es im April 1796 zur Leipziger Erstaufführung des Werkes kommen konnte. Ob Mozart während seines Leipziger Aufenthalts 1789 ebenfalls im Hôtel de Saxe übernachtete, ist nicht bekannt. Belegt ist, dass sich Frédéric Chopin am 27. September 1835 hier einquartierte.

Das Hôtel de Saxe bot jedoch nicht nur Unterkunft, sondern war darüber hinaus Veranstaltungsort. Der Festsaal des Hauses wurde vor allem im 18., aber auch noch Anfang des 19. Jahrhunderts als Konzertsaal genutzt. Er war zum einen Auftrittsort für gastierende Virtuosen, zum anderen Aufführungsstätte für Leipziger Veranstalter und Musikervereinigungen. Hier kam das von Universitätsmusikdirektor Johann Gottlieb Görner geleitete Collegium musicum – die Konkurrenz zum Bachischen Collegium musicum – zusammen. Im Sommer 1787 organisierte Johann Adam Hiller eine Reihe von Konzerten im Hôtel de Saxe; 1791 lud der Königlich Preußische Kammerkomponist Carl Stamitz zu einer „musikalischen Akademie". In der Konzertsaison 1809/10 fanden hier die ersten öffentlichen Streichquartettabende in Leipzig statt, veranstaltet vom 1808 gegründeten Gewandhaus-Quartett, dem ältesten heute noch bestehenden Streichquartettensemble der Welt.

Ein Jahrhundert später, im Jahr 1909, schloss das Hotel. 1968 wurde das während des Zweiten Weltkriegs beschädigte Gebäude wegen Baufälligkeit abgerissen. An gleicher Stelle entstand 1977 ein Neubau. Eine unvollständige Kopie des ursprünglichen Barockportals wurde nachträglich in den Neubau eingefügt. Zusätzlich verweist eine Gedenktafel auf die historische Bedeutung des ehemaligen Hotels.

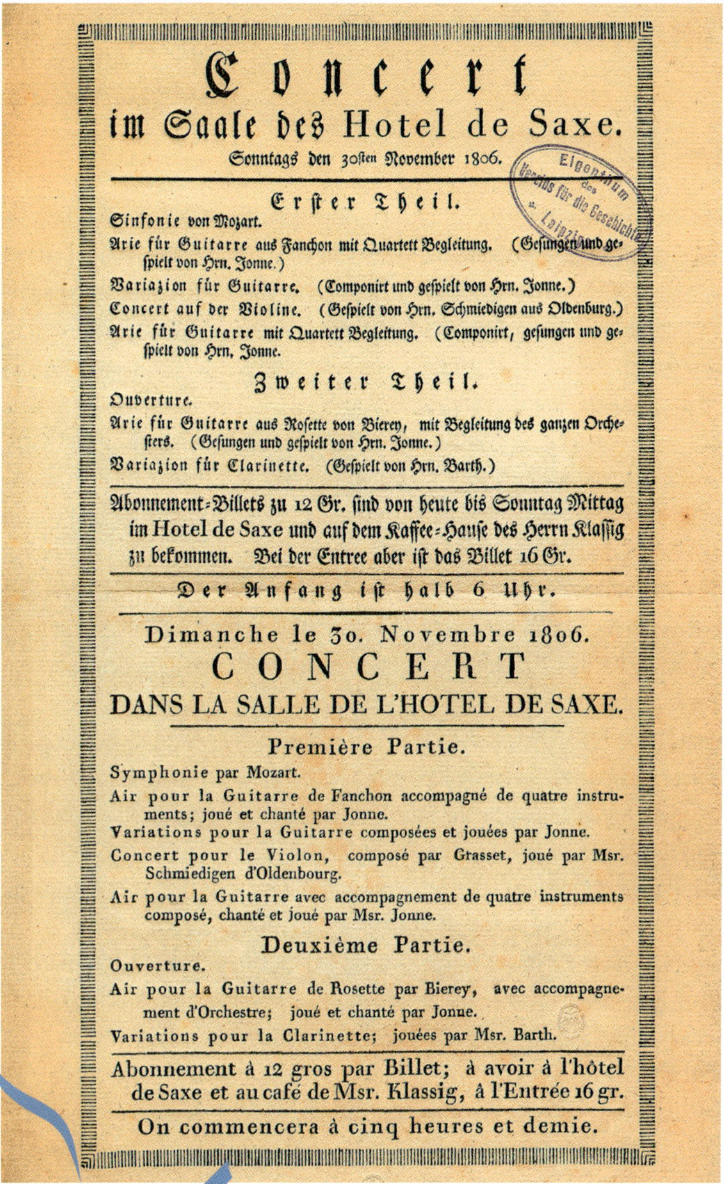
Concert
im Saale des Hotel de Saxe.
Sonntags den 30sten November 1806.

Erster Theil.
Sinfonie von Mozart.

Arie für Guitarre aus Fanchon mit Quartett Begleitung. (Gesungen und gespielt von Hrn. Jonne.)

Variazion für Guitarre. (Componirt und gespielt von Hrn. Jonne.)

Concert auf der Violine. (Gespielt von Hrn. Schmiedigen aus Oldenburg.)

Arie für Guitarre mit Quartett Begleitung. (Componirt, gesungen und gespielt von Hrn. Jonne.)

Zweiter Theil.
Ouverture.

Arie für Guitarre aus Rosette von Bierey, mit Begleitung des ganzen Orchesters. (Gesungen und gespielt von Hrn. Jonne.)

Variazion für Clarinette. (Gespielt von Hrn. Barth.)

Abonnement-Billets zu 12 Gr. sind von heute bis Sonntag Mittag im Hotel de Saxe und auf dem Kaffee-Hause des Herrn Klassig zu bekommen. Bei der Entree aber ist das Billet 16 Gr.

Der Anfang ist halb 6 Uhr.

Dimanche le 30. Novembre 1806.
CONCERT
DANS LA SALLE DE L'HOTEL DE SAXE.

Première Partie.
Symphonie par Mozart.

Air pour la Guitarre de Fanchon accompagné de quatre instruments; joué et chanté par Jonne.

Variations pour la Guitarre composées et jouées par Jonne.

Concert pour le Violon, composé par Grasset, joué par Msr. Schmiedigen d'Oldenbourg.

Air pour la Guitarre avec accompagnement de quatre instruments composé, chanté et joué par Msr. Jonne.

Deuxième Partie.
Ouverture.

Air pour la Guitarre de Rosette par Bierey, avec accompagnement d'Orchestre; joué et chanté par Jonne.

Variations pour la Clarinette; jouées par Msr. Barth.

Abonnement à 12 gros par Billet; à avoir à l'hôtel de Saxe et au café de Msr. Klassig, à l'Entrée 16 gr.

On commencera à cinq heures et demie.

Programmzettel zu einem Konzert im Saal des Hôtel de Saxe

Standort:
Klostergasse 9

Thomaskirche

Die Thomaskirche steht für nahezu 800 Jahre lebendige Musikpflege in Leipzig. 1212 wurde das Augustiner-Chorherrenstift zu St. Thomas gegründet und mit ihm eine Schule, die vor allem den Söhnen armer Eltern offen stand. Von Beginn an wurden hier Chorknaben ausgebildet, die an der Gottesdienstgestaltung mitwirkten. Im Verlauf des 15. Jahrhunderts erweiterte sich das Betätigungsfeld des Thomanerchors; es erstreckte sich nun auch auf Gesänge außerhalb des Gottesdiensts. Wurden bis zum Anfang des 19. Jahrhunderts die instrumentalen Partien von den Stadtpfeifern gemeinsam mit Studenten und Thomasschülern ausgeführt, so werden sie seitdem vom Gewandhausorchester gespielt. Zur gleichen Zeit wurde die Mitwirkung der Thomaner in öffentlichen Konzerten üblich. Seit dem 20. Jahrhundert gehören reine Chorkonzerte sowie die regelmäßigen Darbietungen der Passionen, des Weihnachtsoratoriums und der Kantaten Johann Sebastian Bachs – des wohl berühmtesten Thomaskantors – zu den Aufgaben des Knabenchors.

Dem Rat der Stadt Leipzig, der seit 1543 Träger von Schule und Chor ist, gelang es immer wieder, bedeutende Komponisten in das Amt des Thomaskantors zu berufen, darunter Johann Hermann Schein, Johann Kuhnau, Johann Sebastian Bach, Johann Adam Hiller, Christian Theodor Weinlig und Moritz Hauptmann. Auch unter den Thomasorganisten finden sich namhafte Musiker wie Johann Gottlieb Görner und Carl Piutti.

Errichtet wurde die Thomaskirche 1482 bis 1496 auf dem Grund eines Vorgängerbaus. Bei einem umfassenden Umbau in den 80er Jahren des 19. Jahrhunderts erhielt sie ihr heutiges Aussehen, wobei die gesamte Ausstattung der Barockzeit entfernt und durch neogotische Elemente ersetzt wurde. Seit 1949 befindet sich im Altarraum der Kirche die Grabstätte Johann Sebastian Bachs; die Johanniskirche, wo seine Gebeine seit Beginn des 20. Jahrhunderts geruht hatten, war im Zweiten Weltkrieg zerstört worden.

Thomaskirche mit dem 1908 errichteten
Bach-Denkmal von Carl Seffner

Adresse:
Thomaskirchhof 18
04109 Leipzig

Kontakt:
info@thomaskirche.org
www.thomaskirche.org

Öffnungszeiten:
täglich 9 – 18 Uhr

Motetten:
Freitag 18 Uhr und Samstag 15 Uhr
(außer in den Sommerferien)

Bach-Museum

Im „Bosehaus“ am Thomaskirchhof befindet sich seit 1985 das Bach-Museum. Der Renaissancebau wurde 1709 von dem Kaufmann Georg Heinrich Bose erworben und im Stile des Barock umgebaut. Johann Sebastian Bach, der mit seiner Familie von 1723 bis 1750 in der Thomasschule gegenüber dem Bosehaus wohnte, verband mit dem Kaufmann eine enge Freundschaft. Da die Thomasschule 1902 im Zuge städtebaulicher Modernisierungsmaßnahmen abgerissen wurde, bot sich das in seinem Grundbestand fast unverändert erhalten gebliebene Bosehaus aufgrund seiner Lage und des biographischen Bezugs als Standort für ein Bach-Museum an. Eine Besonderheit des Hauses ist der sogenannte Sommersaal im zweiten Stock des Hintergebäudes, denn er besitzt eine per Seilzug zu öffnende Schall- beziehungsweise Echokammer in der Decke. Den Einbau dieser verborgenen Empore hatte Bose in Auftrag gegeben. Heute kann der Saal bei Konzerten und Führungen besichtigt werden.
Das Museum widmet sich vor allem dem Leben und Wirken Johann Sebastian Bachs in Leipzig. Neben kostbaren Handschriften, Graphiken und Notendrucken zeigt die Dauerausstellung historische Instrumente und Möbel aus dem 18. Jahrhundert. Seit 2008 und voraussichtlich noch bis zum Frühjahr 2010 wird das Museum umfassend saniert und erweitert. Durch einen neuen Anbau wird sich die Ausstellungsfläche mehr als verdoppeln. In einer Schatzkammer sollen dann kostbare Originale erstmals dauerhaft der Öffentlichkeit präsentiert werden. Interaktive Medienstationen werden es dem Besucher zudem ermöglichen, virtuell in Bachs Handschriften zu blättern oder anhand des Stammbaums der weit verzweigten Musikerfamilie Bach überraschende Entdeckungen zu machen.
Das Bach-Museum gehört zur Stiftung Bach-Archiv Leipzig, einer der weltweit bedeutendsten Einrichtungen der Bachforschung, die auch eine umfassende Sammlung von Bachiana besitzt. Die wichtigsten Veranstaltungen des Bach-Archivs sind das Bachfest und der Internationale Bach-Wettbewerb.

Bach-Museum im Bosehaus

Adresse:
Thomaskirchhof 16
04109 Leipzig

Kontakt:
Telefon: +49.341.9137200
museum@bach-leipzig.de
www.bach-leipzig.de

Öffnungszeiten:
täglich 10 – 17 Uhr

Wegen Sanierung und Umbau ist das Bach-Museum voraussichtlich bis Frühjahr 2010 geschlossen. Im Nachbarhaus Thomaskirchhof 14 wird eine kleine, täglich 11 – 18 Uhr geöffnete Interims-Ausstellung gezeigt.

Geburtshaus von Clara Wieck

„In diesem Hause erblickte Clara Schumann, geb. Wieck, am 13. September 1819 das Licht der Welt." Bis zur Zerstörung des ehemaligen Gasthauses „Hohe Lilie" am Ende des Zweiten Weltkriegs befand sich über der Wohnungstür zur ersten Etage eine Gedenktafel, die mit diesem Text an die bedeutende Pianistin erinnerte. Von 1818 bis 1821 lebte die Familie Wieck in jenem Haus an der Ecke von Preußergäßchen und Neumarkt. Friedrich Wieck, Instrumentenhändler, Klavierpädagoge und Inhaber einer musikalischen Leihbibliothek, und Mariane Tromlitz, Sängerin und Pianistin, waren seit 1816 miteinander verheiratet. Sie hatten fünf gemeinsame Kinder; nach der früh verstorbenen ältesten Tochter war Clara das zweite Kind. Als sich die Eltern 1824 scheiden ließen, blieb Clara bis zu ihrem fünften Lebensjahr bei der Mutter, danach übernahm der Vater ihre Erziehung. Unverzüglich begann Friedrich Wieck, sie im Klavierspiel zu unterrichten. Ihr Debüt als Pianistin gab Clara mit neun Jahren: Am 20. Oktober 1828 trat sie zum ersten Mal im Gewandhaus ↪ Notenspur-Station 21 auf. In der Folge unternahm sie, begleitet und angeleitet von ihrem Vater, ausgedehnte Konzertreisen durch Sachsen, Deutschland und Europa.

Auch Robert Schumann, der 1828 zum Jurastudium nach Leipzig gekommen war, erhielt Klavierunterricht bei Friedrich Wieck und wohnte zeitweilig bei der Familie. So lernten sich Robert Schumann und Clara Wieck kennen und lieben. 1840 heirateten die beiden und bezogen eine gemeinsame Wohnung in der Inselstraße ↪ Notenspur-Station 7.

Friedrich Wiecks Nachfolgewohnungen – und damit die Wohnstätten Clara Wiecks – befanden sich von 1821 bis 1825 im Salzgäßchen, von 1825 bis 1835 in Selliers Hof und von 1835 bis 1840 in der Nikolaistraße. Am heutigen Handelshof, einst Selliers Hof, in der Reichsstraße, Ecke Grimmaische Straße erinnert eine Gedenktafel an das ehemalige Domizil von Clara Wieck, in dem auch Robert Schumann in den Jahren 1830/31 wohnte.

Gasthaus „Hohe Lilie“, historische Postkarte

Standort:
Preußergäßchen, Ecke Neumarkt

Altes Konservatorium

Im Hofgebäude des Gewandhauses ↪ Notenspur-Station 21 öffnete am 2. April 1843 das Leipziger Konservatorium der Musik seine Pforten. Es war deutschlandweit die erste höhere Bildungsanstalt für Musiker. Ein großzügiges Legat des verstorbenen Ratsherrn Heinrich Blümner, bestimmt „zur Begründung eines neuen oder zur Unterstützung eines bestehenden ... Instituts für Kunst oder Wissenschaft", hatte die finanziellen Voraussetzungen geschaffen. Der sächsische König plante jedoch, das in Leipzig gestiftete Vermögen für ein Musikinstitut in der Residenzstadt Dresden zu nutzen. Mehrere Schreiben des Gewandhauskapellmeisters Felix Mendelssohn Bartholdy, in denen dieser die Notwendigkeit einer Musikschule in Leipzig eindrücklich beschrieb, ließen ihn seine Meinung ändern.

Der neuen Bildungsstätte standen fünf Mitglieder der Gewandhaus-Konzertdirektion vor. Mendelssohn war als Studiendirektor und künstlerischer Leiter für Sologesang, Instrumente und Komposition zuständig. Mit ihm unterrichteten weitere renommierte Musiker, darunter Moritz Hauptmann, Ferdinand David, Robert und Clara Schumann sowie Ignaz Moscheles. Der Fächerkanon umfasste zunächst Klavier, Violine, Orgel, Gesang und Komposition. Im Laufe des 19. Jahrhunderts wurde das Lehrangebot auf die gängigen Orchesterinstrumente erweitert.

Der Erfolg der Institution stellte sich in Form steigender Studentenzahlen aus dem In- und Ausland fast unmittelbar ein; die enge Zusammenarbeit mit dem Gewandhausorchester trug dazu bei. Bekannte Studenten der ersten Jahrzehnte waren Edvard Grieg, der sich von 1858 bis 1862 in Leipzig aufhielt, und Leoš Janáček, der das Konservatorium von 1879 bis 1880 besuchte. Das Hofgebäude mit seinen lediglich zwei Unterrichtsräumen erwies sich allerdings auf Dauer als zu klein, weshalb 1887 der Umzug in ein neu errichtetes Gebäude in der Grassistraße 8 ↪ Notenbogen-Station 10 erfolgte. Acht Jahre später wurde das alte Konservatorium abgerissen.

Konservatorium, Aquarell von Anton Lewy (um 1860)

Standort:
Innenhof des Städtischen Kaufhauses,
Zugang über Universitätsstraße 16 oder Neumarkt 9

Erstes Gewandhaus

Das alte Gewandhaus wurde in den Jahren 1477 bis 1498 als zweiflügliges Gebäude an Gewandgäßchen und Universitätsstraße errichtet. Es diente den Woll- und Tuchhändlern als Handelsplatz. 300 Jahre später ließ die Stadt im zweiten Stockwerk einen Konzertsaal einbauen. Er wurde im November 1781 eingeweiht, und die 1743 gegründeten Leipziger Abonnementkonzerte fanden hier ihre Fortsetzung. Schon bald bürgerte sich der Name „Gewandhauskonzerte" ein, die gespielt wurden vom „Gewandhausorchester".

Der Konzertsaal war für 500 Zuhörer angelegt und wurde für seine gute Akustik gerühmt. Länge, Breite und Höhe des Raumes entsprachen dem Goldenen Schnitt, zudem waren Wände, Decke und Boden aus Holz, und rundherum lagen resonanzgünstige Hohlräume. Die Decke zierten aufwendige Malereien, und an seiner Stirnseite verkündete ein Spruchband die Worte des jüngeren Seneca: „Res severa est verum gaudium" (Wahre Freude ist eine ernste Sache).

Über 100 Jahre hinweg war der Saal im Gewandhaus das Zentrum des Leipziger Konzertlebens. Hier gab Mozart 1789 sein einziges Leipziger Gastspiel und hatte Clara Wieck 1828 ihren ersten öffentlichen Auftritt; hier erlebten zahlreiche berühmte Werke ihre Uraufführung, zum Beispiel Schuberts große C-Dur-Sinfonie, Mendelssohns „Schottische", Schumanns „Frühlingssinfonie", Wagners „Meistersinger"-Vorspiel und Brahms' Violinkonzert. Am Dirigentenpult standen oftmals die Komponisten selbst, ansonsten die Gewandhauskapellmeister von Johann Adam Hiller über Felix Mendelssohn Bartholdy bis hin zu Carl Reinecke.

Mit der Zeit genügte der Konzertsaal trotz mehrfacher Umbauten nicht mehr den gewachsenen Ansprüchen. 1882 begann man schließlich mit dem Bau eines neuen Konzerthauses ↪ Notenbogen-Station 11, das zwei Jahre später seine Pforten öffnete. Das alte Gewandhaus wurde 1894 abgerissen und an seiner Statt ein neues Messehaus, das sogenannte Städtische Kaufhaus errichtet.

Das Gewandhaus an der Universitätsstraße,
Holzschnitt (nach 1842)

Standort:
Universitätsstraße 16, Städtisches Kaufhaus

Paulinum – Aula und Universitätskirche St. Pauli

Seit Gründung der Universität Leipzig im Jahr 1409 haben Studenten eine große Rolle im städtischen Musikleben gespielt. Sie wirkten in den von Georg Philipp Telemann und Johann Sebastian Bach geleiteten Collegia musica, spielten in Kaffeehäusern, in der Oper oder in den Kirchen. Die Musizierlust der akademischen Jugend lebte sich zunächst außerhalb der Universität aus, die lange Zeit über kein Amt für einen Musiker verfügte. Erster nachweisbarer Universitätsmusikdirektor war der von 1656 bis 1679 amtierende Werner Fabricius. Zu seinen Nachfolgern gehörten unter anderem Johann Gottlieb Görner, Johann Adam Hiller und Max Reger. Eine Aufgabe des Universitätsmusikdirektors war die musikalische Gestaltung der sonntäglichen Gottesdienste in der Universitätskirche St. Pauli. Die 1240 als Bestandteil eines Dominikanerklosters eingeweihte Kirche war nach der Reformation der Universität angegliedert worden und diente als Aula und Gotteshaus. Viele musikalische Ereignisse waren eng mit der Universitätskirche verbunden. Hier wurde 1727 Bachs „Trauerode" anlässlich des Todes der sächsischen Kurfürstin Christiane Eberhardine aufgeführt, fand 1837 die Leipziger Erstaufführung von Felix Mendelssohn Bartholdys Oratorium „Paulus" statt und zehn Jahre später die Trauerfeier für den großen Gewandhauskapellmeister. Mit dem 1822 gegründeten studentischen „Sängerverein an der Kirche zu St. Pauli" erhielt die Universität ihr erstes eigenes Ensemble. Die Funktion des Kirchenchors übernahm im 20. Jahrhundert der 1926 ins Leben gerufene Leipziger Universitätschor, der mit der Sprengung der Paulinerkirche 1968 seine Wirkungsstätte verlor. Mit dem Neubau des Paulinums, mit dem unter anderem an die einstige Kirche erinnert werden soll, bekommt die Universitätsmusik nach Jahren der Provisorien wieder eine feste Heimstatt. Heute gehören zur Universitätsmusik der Universitätschor, das Universitätsorchester, die Unibigband, das Pauliner Kammerorchester und das Pauliner Barockensemble.

Universität Leipzig mit Paulinerkirche,
historische Postkarte (1890)

Adresse:
Büro der Leipziger Universitätsmusik
Goldschmidtstraße 12
04103 Leipzig

Kontakt:
Telefon: +49.341.9730190
unimusik@uni-leipzig.de
www.uni-leipzig.de/unimusik

MDR-Studio – Rundfunkklangkörper

Der schwarze Kubus am Augustusplatz mit seiner asymmetrischen Dachkonstruktion wurde 2001 nach Entwürfen des Architekten Peter Kulka erbaut. Hier proben der MDR Rundfunkchor und das MDR Sinfonieorchester. Letzteres wurde Anfang 1923 als Leipziger Sinfonie-Orchester von der Leipziger Orchester-Gesellschaft gegründet. Im Oktober 1924 trat der Mitteldeutsche Rundfunk, der ein halbes Jahr zuvor seinen Sendebetrieb aufgenommen hatte, der Orchester-Gesellschaft bei und wurde Hauptauftraggeber des Sinfonie-Orchesters. Fortan vollzog sich dessen Entwicklung in enger Verbindung mit dem neuen Medium. Der Klangkörper erlangte schnell Anerkennung mit Rundfunkkonzerten, die von Berühmtheiten wie Alfred Szendrei, Hermann Scherchen, Carl Schuricht, Ernst Krenek oder Richard Strauss geleitet wurden. Die Musiker spielten aber nicht nur während der live übertragenen Sendungen, das Orchester gab auch regelmäßig Sinfoniekonzerte und vertrat an Gewandhaus-Konzerttagen das Gewandhausorchester in der Leipziger Oper. Nach dem Zweiten Weltkrieg prägten unter anderem Hermann Abendroth und Herbert Kegel das künstlerische Profil des Rundfunksinfonieorchesters.

Mit der Leipziger Oratorienvereinigung schuf Alfred Szendrei 1924 den ersten Rundfunkchor des Mitteldeutschen Rundfunks. Seither gibt es, wenn auch unter wechselndem Namen, einen Rundfunkchor beim Leipziger Sender. Unter Herbert Kegel, der ab 1949 zunächst als Chorleiter und später als Chefdirigent des Leipziger Rundfunks wirkte, etablierte sich das Ensemble in den fünfziger und sechziger Jahren unter den europäischen Spitzenchören, wo es sich bis heute behauptet. Der Chor wirkt regelmäßig in Konzerten des MDR Sinfonieorchesters und des Gewandhausorchesters mit und gestaltet eine eigene Konzertreihe in Leipzig.

Seit 1948 gibt es auch den MDR Kinderchor. Er wurde von Hans Sandig gegründet, der ihn bis zu seinem Tod im Jahre 1989 leitete, und ist heute der einzige Rundfunkkinderchor in Deutschland.

MDR-Studio neben dem Neuen Gewandhaus

Adresse:
Augustusplatz 9 a
04109 Leipzig

Kontakt:
Telefon: +49.341.3008705
mdr-klangkoerper@mdr.de
www.mdr.de/klangkoerper

Geburtshaus von Richard Wagner

Wagners Geburtshaus, Fotografie

Richard Wagner wurde am 22. Mai 1813 als jüngstes von neun Kindern des Polizeibeamten Karl Friedrich Wilhelm Wagner und seiner Frau Johanna Rosine, geb. Pätz, in Leipzig geboren. Seine Wiege stand am Brühl Nr. 3, im Gasthof „Zum roten und weißen Löwen". Noch im gleichen Jahr starb Wagners Vater. Die Mutter zog 1814 nach einer erneuten Eheschließung mit ihren Kindern nach Dresden.
Der Gasthof erhielt 1882 den Namen „Geburtshaus Richard Wagners". Nur vier Jahre später wurde das Haus durch einen Neubau ersetzt. 1914 fiel auch dieses Gebäude dem Abriss zum Opfer, um das Kaufhaus Brühl erweitern zu können. Nach schwerer Kriegsbeschädigung, Wiederaufbau und Modernisierung zeigt sich das Kaufhaus seit 1968 in einer Aluminiumfassade. Eine am Kaufhaus angebrachte Bronzetafel des Leipziger Bildhauers Fritz Zalisz erinnert an Wagners Geburtshaus.
Auch andere Gebäude, in denen die Familie Wagner später wohnte, wurden zugunsten neuer Bebauung abgerissen oder im Zweiten Weltkrieg zerstört. Erhalten ist das Königshaus am Markt, in dem der Philologe Adolf Wagner, Richard Wagners Onkel, wohnte. Dem mit Johann Wolfgang Goethe, Friedrich Schiller, E. T. A. Hoffmann und anderen Dichtern bekannten Gelehrten verdankte der junge Wagner wesentliche literarische Anregungen. Erhalten ist auch die Alte Nikolaischule ↪ Notenspur-Station 11, die Wagner von 1828 bis 1830 besuchte.

Standort:
Kaufhaus Brühl (Gedenktafel), Am Brühl 1–3

Altes Theater

Altes Theater, Fotografie (um 1900)

Leipzigs Operngeschichte nahm 1693 mit der Einweihung des ersten Opernhauses ihren Anfang. Der Kapellmeister Nicolaus Adam Strungk hatte vom sächsischen Kurfürsten das Privileg für Opernaufführungen in Leipzig erhalten und daraufhin am Brühl ein großes Holzgebäude mit amphitheaterähnlichem Zuschauerraum erbauen lassen. Georg Philipp Telemann spielte, sang und dirigierte hier drei Jahre lang; mehr als zwei Dutzend Opern schrieb er zwischen 1703 und 1720 für die Leipziger Bühne. 1720 wurde das Haus wegen Baufälligkeit geschlossen. Von da an wechselten die Spielstätten, bis dank der Privatinitiative zweier Leipziger Bürger auf der Ranstädter Bastei ein Komödienhaus errichtet wurde. Dessen Eröffnung am 10. Oktober 1766 erlebte der Leipziger Student Johann Wolfgang Goethe mit.

Das Theater bot fast 1200 Zuschauern Platz und war 100 Jahre lang – ab 1817 als Stadttheater – die größte Bühne in der Stadt. 1813/14 war E. T. A. Hoffmann hier als Musikdirektor engagiert. Albert Lortzing wirkte als Schauspieler, Sänger und Kapellmeister am Stadttheater. Viele seiner Werke wurden in diesem Haus uraufgeführt, darunter „Zar und Zimmermann". 1850 dirigierte Robert Schumann die Premiere seiner Oper „Genoveva". Das 1868 eröffnete Neue Theater am Augustusplatz ↪ Notenspur-Station 10 löste das Alte Theater als Opernspielstätte ab. Beide Häuser wurden im Zweiten Weltkrieg zerstört.

Standort:
am nordöstlichen Rand des heutigen Richard-Wagner-Platzes

Wohnhaus von Heinrich Marschner

Erstmals kam Heinrich Marschner 1813 nach Leipzig, um an der Universität ein Jurastudium aufzunehmen. Die schönen Künste interessierten ihn jedoch weit mehr, und die engen Kontakte zu dem Musikverleger Friedrich Hofmeister, dem Thomasorganisten Friedrich Schneider und dem Thomaskantor Johann Gottfried Schicht, bei dem er Unterricht nahm, bestärkten seine Entscheidung, sich ganz der Musik zu widmen.

Nach zwei Jahren verließ Marschner die Stadt. Im Sommer 1827 zog er erneut nach Leipzig, da seine Frau Marianne ein Engagement als Sängerin am Stadttheater ↪ Notenbogen-Station 2 angenommen hatte. Das Ehepaar logierte im Gasthof „Goldene Laute" auf dem Ranstädter Steinweg in Sichtweite des Theaters. Mariannes Gage erlaubte der Familie ein gutes Auskommen. Marschner vollendete seine Oper „Der Vampyr", die am 29. März 1828 unter seiner Leitung am Leipziger Stadttheater ihre Uraufführung erlebte. Im Dezember des folgenden Jahres wurde mit „Der Templer und die Jüdin" seine nächste Oper in Leipzig uraufgeführt. Da das Engagement von Marianne Marschner nicht verlängert worden war und die Familie vom Verkauf der Kompositionen nicht leben konnte, nahm Marschner im Januar 1831 das Amt des Hofkapellmeisters in Hannover an.

An Stelle der „Goldenen Laute" steht heute ein 1926 errichtetes Gebäude. Eine Gedenktafel erinnert an das ehemalige Quartier der Familie Marschner.

Standort:
Ranstädter Steinweg
Gedenktafel am Durchgang zu den Häusern Nr. 6, 8, 10 und 12

Deutsche Zentralbücherei für Blinde

Die Deutsche Zentralbücherei für Blinde (DZB) ist die älteste öffentliche Blindenbücherei in Deutschland. Sie wurde 1894 in Leipzig gegründet und stellt blinden und sehbehinderten Menschen verschiedenste Literatur in geeigneter Form zur Verfügung.
1954 bezog die DZB ihr heutiges Domizil in der Gustav-Adolf-Straße 7. Bis 1942 war in diesem Gebäude die Höhere Israelitische Schule ansässig. Eingeweiht am 25. Juni 1913 durch den Rabbiner Ephraim Carlebach, erlebte das Haus eine ereignisreiche Geschichte, woran heute eine Dauerausstellung im ersten Stock erinnert.
Die heutige DZB ist nicht nur ein Ort, an dem Bücher verliehen werden. Unter ihrem Dach beherbergt sie auch einen Verlag, eine Druckerei, eine Hörbücherei und einen Übertragungsservice für Blindennotenschrift. Zu ihrem Bestand, der Belletristik, Sach- und Kinderliteratur umfasst, gehören auch über 5500 Musikalien.
Blindennotenschrift beruht – wie auch die Blindenschrift – auf einem Punktsystem, in dem jedes Zeichen maximal sechs Punkte enthält. Die Punktschrift ist eine Erfindung des Franzosen Louis Braille und wurde 1879 offiziell in Deutschland als Blindenschrift anerkannt.
In der DZB kann nach Voranmeldung eine kleine Ausstellung zu Musikalien in Blindennotenschrift und zu deren Herstellung besichtigt werden.

Adresse:
Gustav-Adolf-Straße 7
04105 Leipzig

Kontakt:
Telefon: +49.341.71130
info@dzb.de
www.dzb.de

Öffnungszeiten:
Montag bis Donnerstag 9–12 und 13–15.30 Uhr
Freitag 9–12 und 13–14 Uhr

Wohnhaus von Gustav Mahler

Mahlers ehemaliges Wohnhaus

Im August 1886 übernahm der 26-jährige Gustav Mahler die Stelle des Zweiten Kapellmeisters am Leipziger Stadttheater ↪ Notenspur-Station 10. Er bezog zunächst Quartier in der Gottschedstraße 4; ab Januar 1887 wohnte er in der Gustav-Adolf-Straße 12. In kurzer Zeit erwarb er sich den Ruf eines begabten Operndirigenten. Als Komponist erregte er mit der Bearbeitung der Oper „Die drei Pintos", die Carl Maria von Weber unvollendet hinterlassen hatte, große Aufmerksamkeit. Mahler hatte in Leipzig freundschaftliche Aufnahme in der Familie Carl von Webers, eines Enkels des berühmten Komponisten, gefunden und sich bereit erklärt, das ihm vorgelegte Opernfragment zu vervollständigen. Das Resultat wurde am 20. Januar 1888 unter Mahlers Leitung im Neuen Theater uraufgeführt. Der Erfolg mag ihn motiviert haben, sich wieder verstärkt dem Komponieren zuzuwenden. Im März 1888, nach nur sechs Wochen intensiven Schaffens, beendete er seine erste Sinfonie. Die Arbeit daran hatte jedoch dazu beigetragen, dass Mahler seine Verpflichtungen am Theater vernachlässigte, woraus sich Spannungen mit der Direktion und dem Ensemble ergaben. Die ständige Konkurrenz zu dem angesehenen Ersten Kapellmeister Arthur Nikisch war ein weiterer Grund für ihn, im Mai 1888 um seine Entlassung zu bitten und Leipzig den Rücken zu kehren.

Adresse:
Gustav-Adolf-Straße 12
04105 Leipzig

Wohnhaus von Albert Lortzing

Albert Lortzing hat über zwölf Jahre in Leipzig gelebt und hier seine wichtigsten Bühnenwerke geschrieben. Am 1. November 1833 trat er sein Engagement als Sänger, Schauspieler und Regisseur am Leipziger Stadttheater ↪ Notenbogen-Station 2 an. Zwei Jahre später vollendete er mit „Die beiden Schützen" seine erste abendfüllende Oper. Bei deren Uraufführung am 20. Februar 1837 im Leipziger Theater wirkte er als Darsteller mit. Noch im selben Jahr, am 22. Dezember, brachte der Komponist seine zweite und wohl berühmteste Oper heraus: „Zar und Zimmermann". Zahlreiche Rezensionen lobten die musikalischen und dramaturgischen Qualitäten des Werkes; die versteckten politischen Anspielungen blieben hingegen unerwähnt. Bis zu seinem Weggang aus Leipzig schrieb Lortzing sechs weitere Opern, darunter „Der Wildschütz" und „Der Waffenschmied". Ein Wechsel in der Theaterleitung führte 1845 zu Lortzings Kündigung am Theater. Daraufhin ging er für drei Jahre als Kapellmeister nach Wien und, nach einem kurzen Zwischenspiel wiederum in Leipzig, in gleicher Position nach Berlin.
Eine Gedenktafel am Haus der Funkenburgstraße 8 weist auf Lortzings Wohnung im ehemaligen Gartenhaus hin, die er jedoch entgegen der Inschrift erst 1838 mit Frau und fünf Kindern bezogen hat. Zuvor lebte die Familie wenige Schritte entfernt am Naundörfchen, hinter der heutigen Feuerwache.

Standort:
Funkenburgstraße 8

Wohnhaus von Erwin Schulhoff

Bei seinem ersten Leipzig-Besuch im Frühjahr 1908 beeindruckte der aus Prag stammende Erwin Schulhoff den Gewandhauskapellmeister Arthur Nikisch mit seinem Klavierspiel. Der 13-Jährige erhielt daraufhin eine Einladung zur Aufnahmeprüfung für das Konservatorium ↪ Notenbogen-Station 10. Die bestand er mit Bravour und nahm im Herbst das Studium auf. Unterrichtet wurde er unter anderem von Robert Teichmüller (Klavier) und Max Reger (Komposition). Während seiner dreijährigen Studienzeit wohnte Schulhoff in der Elsterstraße 35.

1921 gab Schulhoff in Leipzig einen Klavierabend mit neuer Musik. Als Pianist setzte er sich leidenschaftlich für die Avantgardisten seiner Zeit ein. Vielfältig und konventionslos waren auch viele seiner eigenen Werke. 1930 war er nochmals in Leipzig zu hören: Der Mitteldeutsche Rundfunk brachte eine Sendung mit seinen Klavierkompositionen, die er selbst einspielte.

Durch den Ersten Weltkrieg politisch sensibilisiert, erfüllte Schulhoff wie viele Zeitgenossen eine „potentierte Linksianergesinnung" (Schulhoff). Er verfasste unter anderem eine Kantate auf das Kommunistische Manifest. Seine Werke wurden im nationalsozialistischen Deutschland als „entartete Musik" diffamiert und ihre Aufführung verboten. 1942 wurde Schulhoff, der kurz zuvor die sowjetische Staatsbürgerschaft angenommen hatte, verhaftet. Er starb noch im gleichen Jahr im Internierungslager Wülzburg.

Adresse:
Elsterstraße 35
04109 Leipzig

Pianofortefabrik Blüthner

Pianofortefabrik Blüthner, Zeichnung (1871)

1853 gründete der Klavierbauer Julius Blüthner mit drei Angestellten in einem Gebäude an der Ecke der heutigen Käthe-Kollwitz- und Friedrich-Ebert-Straße eine Pianofortefabrik. In kurzer Zeit expandierte das Unternehmen. Auf dem bereits erworbenen Grundstück wurden 1864 zwei Fabrikneubauten errichtet; weitere Produktionsstätten folgten. Aus dem städtischen Verwaltungsbericht des Jahres 1878 geht hervor, dass Blüthners Betrieb mit 450 Angestellten zum größten Unternehmen Leipzigs angewachsen war; 14 000 Instrumente hatte man bis dahin hergestellt. Im gleichen Jahr ließ Blüthner auf dem Fabrikgelände einen großen Saal einrichten, der der Präsentation der Klaviermodelle diente, aber auch für Konzerte genutzt wurde. Eine verblasste Aufschrift „Eingang zum Blüthner-Saal" ist noch heute am Gebäude Friedrich-Ebert-Straße 67 zu sehen.

Im 19. Jahrhundert gehörte die Stadt zu den Zentren des Klavierbaus. Um 1890 gab es in Leipzig und Umgebung weit über 20 Pianofortefabriken, darunter so namhafte wie Feurich, Förster, Irmler, Schimmel und Zimmermann.

Im Zweiten Weltkrieg wurden die Blüthnerschen Fabrikgebäude nahezu vollständig zerstört. Erhalten blieben die Villa des Firmengründers in der Käthe-Kollwitz-Straße 46 und der ehemalige Firmensitz in der Friedrich-Ebert-Straße 71. Blüthners Nachkommen verkauften die Villa und investierten den Erlös in den Neuaufbau des Unternehmens an anderer Stelle in Leipzig.

Standort:
Areal zwischen Jahnallee, Friedrich-Ebert-,
Käthe-Kollwitz- und Marschnerstraße

Forum Thomanum

Mit dem Namen „Forum Thomanum" verbindet sich die Idee eines international ausgerichteten Bildungszentrums. Ort dafür ist ein etwa 6000 Quadratmeter großer Campus zwischen Hiller- und Schreber-, Käthe-Kollwitz- und Ferdinand-Lassalle-Straße. Bis zum 800-Jahr-Jubiläum von Thomaskirche ↪ Notenspur-Station 17, Thomasschule und Thomanerchor im Jahr 2012 soll der Campus fertiggestellt sein. Seinen ideellen Kern bilden der Thomanerchor mit seinem Sitz, dem Thomasalumnat, und das Gymnasium Thomasschule, das alle Mitglieder des Thomanerchors zusammen mit Kindern und Jugendlichen aus Leipzig besuchen, sowie die Lutherkirche, die als Gotteshaus, Aula, Konzert-, Theater- und Aufnahmeraum genutzt werden soll. Neu geschaffen wurden bisher eine Kindertagesstätte und ein Probenzentrum. In Planung befinden sich eine Grundschule, eine internationale Jugendmusikakademie und eine Sport- und Freizeitanlage. Alle Einrichtungen soll ein gemeinsames Ziel einen: eine vielfältige musische Bildung von Kindern und Jugendlichen. Ein solcher Campus ist bislang beispiellos in Deutschland. Durch Kurse, Konzerte, Aufführungen, Ausstellungen, Wettbewerbe und nicht zuletzt Gottesdienste soll der Campus zu einem geistig kulturellen Forum für die Öffentlichkeit werden.

Adressen:
Thomanerchor Leipzig
Thomasalumnat
Hillerstraße 8
04109 Leipzig

Thomasschule Leipzig
Hillerstraße 7
04109 Leipzig

Kontakte:
forum thomanum Leipzig e.V.
Telefon: +49.341.22224260
info@forum-thomanum.de
www.forumthomanum.de

Thomanerchor Leipzig
Telefon: +49.341.9844211
info@thomanerchor.de
www.thomanerchor.de

Thomasschule Leipzig
Telefon: +49.341.1246830
tzl@thomasschule.de
www.thomasschule.de

Hochschule für Musik und Theater „Felix Mendelssohn Bartholdy“

Gebäude der Hochschule in der Grassistraße

Das 1843 unter Mitwirkung von Felix Mendelssohn Bartholdy gegründete älteste deutsche Konservatorium war über vier Jahrzehnte im Hofgebäude des Gewandhauses untergebracht Notenspur-Stationen 20 und 21. 1887 erfolgte der Umzug in das neu errichtete Gebäude in der Grassistraße. Nicht zufällig befand sich das neue Domizil wiederum in unmittelbarer Nähe zum drei Jahre zuvor eröffneten zweiten Gewandhaus Notenbogen-Station 11. Die Wahl des Standorts spiegelt die bis heute anhaltende enge Zusammenarbeit zwischen beiden Institutionen wider.

1907 konnte mit Karl Straube ein anerkannter Orgellehrer verpflichtet werden, der sich auch für die Gründung eines kirchenmusikalischen Instituts einsetzte. Im gleichen Jahr gewann mit der Berufung Max Regers die Kompositionsausbildung neue Anziehungskraft.

Im Februar 1944 wurde das Konservatorium von Bomben getroffen, Bibliothek und Konzertsaal brannten aus. Ende 1946 wurde das Haus instand gesetzt und der Unterricht wieder aufgenommen. 1992 erfolgte der Zusammenschluss mit der Theaterhochschule „Hans Otto“. 2001 wurde ein neuer Großer Saal eingeweiht, der seitdem Aufführungsort für zahlreiche Hochschulveranstaltungen ist. Seit 2002 gibt es ein weiteres Lehrgebäude am Dittrichring 21.

Im zweiten Stock des Haupttreppenhauses der Grassistraße 8 kann eine Dauerausstellung zur Geschichte der Hochschule besichtigt werden.

Adresse:
Grassistraße 8
04107 Leipzig

Kontakt:
Telefon: +49.341.214455
presse@hmt-leipzig.de
www.hmt-leipzig.de

Zweites Gewandhaus – Mendelssohn-Ufer

Gewandhaus mit Mendelssohn-Denkmal, Fotografie (um 1900)

Als der Saal im Gewandhaus ↪ Notenspur-Station 21 das anwachsende Publikum nicht mehr fassen konnte, entschloss sich die Gewandhausdirektion zu einem Neubau. Im Dezember 1884 wurde das „Neue Concerthaus“ eingeweiht und schon bald Neues Gewandhaus genannt. Um es vom 1981 eröffneten Neubau am Augustusplatz zu unterscheiden, wird heute vom „zweiten Gewandhaus“ gesprochen. Es hatte einen Großen Saal, der 1560 Zuhörern Platz bot, und einen Kammermusiksaal für über 500 Besucher. Als Gewandhauskapellmeister wirkten unter anderem Arthur Nikisch, Wilhelm Furtwängler und Bruno Walter. Komponisten wie Johannes Brahms, Peter Tschaikowski oder Richard Strauss leiteten hier die Aufführung eigener Werke.

1892 wurde vor dem Konzerthaus ein Denkmal für Felix Mendelssohn Bartholdy ↪ Notenbogen-Station 15 enthüllt. 44 Jahre später ließen es die Nationalsozialisten schleifen.

Das Gewandhaus brannte, von Bomben getroffen, im Februar 1944 aus; ein Wiederaufbau war zunächst geplant, 1968 erfolgte jedoch der Abriss. Bereits 1947 war vor der Ruine eine von Walter Arnold geschaffene Mendelssohn-Büste aufgestellt worden. Sie hat inzwischen einen neuen, nur wenige Meter vom ursprünglichen Standort entfernten Platz gefunden am sogenannten Mendelssohn-Ufer des Pleißemühlgrabens.

Ein Modell des zweiten Gewandhauses ist im Hauptfoyer des Neuen Gewandhauses ↪ Notenspur-Station 1 zu besichtigen.

Standort:
an der Stelle des heutigen Universitätsgebäudes zwischen Beethoven-, Wilhelm-Seyfferth-, Mozart- und Grassistraße

Ez-Chaim-Synagoge

Blick in die Ez-Chaim-Synagoge, Fotografie (1928)

Die Ez-Chaim-Synagoge – „Ez Chaim" stammt aus dem Hebräischen und bedeutet „Baum des Lebens" – in der Otto-Schill-Straße wurde am 10. September 1922 geweiht. Mit 1200 Plätzen war sie die größte orthodoxe Synagoge in Sachsen und nach der Synagoge in der Gottschedstraße ↪ Notenbogen-Station 14 das zweitgrößte jüdische Gotteshaus in Leipzig. Eine großzügige Spende des Rauchwarenhändlers Chaim Eitingon hatte den Bau ermöglicht.

Überregionale Anziehungskraft besaßen die Gottesdienste in der Synagoge vor allem durch den aus Litauen stammenden Kantor Nahum Wilkomirsky. Zeitzeugen berichteten übereinstimmend, dass er aufgrund seiner außergewöhnlichen Stimme „zu den großen Kantoren seiner Zeit" gehört habe und „auch außerhalb seines Wohnortes bekannt und berühmt" gewesen sei. 1936 verließ Wilkomirsky Leipzig, um sich zunächst in Paris und London, später in den USA eine neue Existenz aufzubauen.

Dem orthodoxen Verständnis entsprechend gab es an der Ez-Chaim-Synagoge keine Orgel und bestand der Chor ausschließlich aus Männer- und Knabenstimmen. Chorleiter war ab 1928 bis zu seiner Emigration Fabian Gonski, der auch den Jüdischen Gesangsverein „Hasamir" (Nachtigall) betreute.

Im Zuge der von den Nationalsozialisten gesteuerten Pogrome wurde die Ez-Chaim-Synagoge in der Nacht vom 9. zum 10. November 1938 zerstört.

Standort:
Otto-Schill-Straße 6–8

Nikischplatz

Arthur Nikisch kam 1878 als Chordirektor des Stadttheaters nach Leipzig. Ein Jahr später rückte der 24-Jährige zum Ersten Kapellmeister auf. In dieser Position blieb er bis 1889. Nach Stationen in Boston und Budapest kehrte Nikisch 1895 als Gewandhauskapellmeister nach Leipzig zurück. In besonderer Weise setzte er sich für die Werke von Franz Liszt, Richard Wagner und Anton Bruckner ein. Nikisch reformierte die Programmgestaltung der Konzerte und schuf den Typus des reinen Sinfoniekonzerts. Er stellte sich unentgeltlich für Konzerte des Arbeiter-Bildungs-Instituts zur Verfügung, unter anderem für jenes in der Silvesternacht 1918, in dem Beethovens 9. Sinfonie erklang. Diese Aufführung begründete die bis heute gepflegte Tradition der Silvesterkonzerte mit der „Neunten".
Noch in seinem Todesjahr 1922 wurde der Platz neben seinem Sterbehaus in der Thomasiusstraße 28 nach ihm benannt. An der Stelle des Hauses, in dem Nikisch mit seiner Familie seit 1906 gewohnt hatte, steht heute ein Neubau. Vor diesem ist zu Nikischs 75. Todestag ein von Harald Alff gestalteter Gedenkstein enthüllt worden. Im Neuen Gewandhaus ↪ Notenspur-Station 1 steht die von Hugo Lederer geschaffene Nikisch-Büste, die 1930 vor dem Künstlereingang des zweiten Gewandhauses ↪ Notenbogen-Station 11 aufgestellt worden war. Auf dem Leipziger Südfriedhof befindet sich die Grabstätte der Familie Nikisch.

Standort:
Thomasius-, Ecke Bosestraße

Synagoge Gottschedstraße

Synagoge in der Gottschedstraße, historische Postkarte

Die Synagoge in der Gottschedstraße wurde 1854/55 nach einem Entwurf des Semper-Schülers Otto Simonson erbaut und war mit 1600 Plätzen die größte Synagoge Leipzigs. Zur Einweihung erklang eine Komposition von Salomon Jadassohn, der von 1865 bis 1900 als Chorleiter an der Synagoge wirkte und von 1871 bis zu seinem Tod 1902 Lehrer am Konservatorium ↪ Notenbogen-Station 10 war. Reformiertem Verständnis zufolge gehörten dem Chor sowohl Frauen- als auch Männerstimmen an. Außerdem gab es, im Unterschied zur orthodoxen Tradition, ab 1868 eine Orgel, erbaut von der Firma Ladegast. Von den Kantoren verdienen zwei besondere Erwähnung: Max Jaffé und Samuel Lampel. Sie wirkten ab 1914 für die Gemeinde. Neben ihrer Kantorentätigkeit unterrichteten sie an der Höheren Israelitischen Schule ↪ Notenbogen-Station 4. Lampel gab 1928 eine überregional beachtete Sammlung von Werken für die Sabbat- und Festtagsliturgie heraus. In der Pogromnacht vom 9. zum 10. November 1938 wurde die Synagoge niedergebrannt. Vier Jahre später wurden Lampel und Jaffé deportiert und vermutlich kurz darauf in einem Vernichtungslager ermordet.

Am einstigen Standort der Synagoge befindet sich seit 2001 eine Gedenkstätte. Inmitten einer 900 Quadratmeter großen Fläche markiert ein Rechteck mit 140 Bronzestühlen die Bankreihen des zerstörten Gotteshauses. Integriert wurde auch ein Gedenkstein aus dem Jahr 1966.

Standort:
Gottsched-, Ecke Zentralstraße

Mendelssohn-Denkmal an der Thomaskirche

Mendelssohn-Denkmal an der Thomaskirche

Zwölf Jahre, von 1835 bis 1847, war Felix Mendelssohn Bartholdy in Leipzig als Gewandhauskapellmeister tätig und prägte durch sein Wirken die Konzerte wie auch das Orchester in maßgeblicher Weise. Am 26. Mai 1892 wurde ihm zu Ehren ein von Werner Stein geschaffenes Denkmal vor dem zweiten Gewandhaus ↪ Notenbogen-Station 11 enthüllt. Dessen Finanzierung war vor allem durch Spenden und Benefizkonzerte erfolgt. 1936 schrieb die örtliche Kreisleitung der NSDAP an die Leipziger Stadtverwaltung, dieses Denkmal für einen „Vollblutjuden" errege „öffentliches Ärgernis". Den geforderten Abriss lehnte Oberbürgermeister Carl Goerdeler jedoch ab. Eine Vortragsreise von ihm nutzte sein Stellvertreter Rudolf Haake, das Denkmal in der Nacht zum 10. November 1936 schleifen zu lassen. Goerdeler nahm das zum Anlass für seinen Rücktritt aus dem Amt.

Ein Replikat des Mendelssohn-Denkmals wurde am 18. Oktober 2008 auf dem Promenadenring vor der Thomaskirche ↪ Notenspur-Station 17 eingeweiht. Sinnfällig ist der neue Standort, da sich Mendelssohn zeit seines Lebens um die Wiederbelebung der Musik Johann Sebastian Bachs bemüht hat, zu dessen Hauptwirkungsstätten die Thomaskirche gehörte. Mendelssohn initiierte und finanzierte zudem das weltweit erste Bach-Denkmal ↪ Notenrad-Station 1; diesem steht das neu errichtete Mendelssohn-Denkmal nun genau gegenüber.

Standort:
in der Grünanlage am Dittrichring gegenüber dem Mendelssohn-Portal der Thomaskirche

Geheimtipp: Hiller-Denkmal

Rest des Hiller-Denkmals

Etwas versteckt an der Nordwestecke der Thomaskirche befindet sich eine Denkmalplatte für Johann Adam Hiller. Sie ist das einzige Überbleibsel des allerersten Denkmals, das in Leipzig für einen Musiker errichtet wurde.
Hiller wirkte fast ein halbes Jahrhundert als Komponist, Musiker, Pädagoge und Publizist in Leipzig, war Musikdirektor an Universität, Gewandhaus und Neukirche und schließlich Thomaskantor. Wie kein anderer prägte er das städtische Musikleben in der zweiten Hälfte des 18. Jahrhunderts.
Die Sängerin Thekla Podleska veranlasste 1830, 26 Jahre nach Hillers Tod, die Errichtung eines Denkmals für ihren Lehrer. Sie gewann Veit Hanns Schnorr von Carolsfeld für den Entwurf des Monuments; die Bildhauer Friedrich Funk und Johann Christoph Wingrich führten es in Sandstein aus. Am 29. Juni 1832 wurde es in den Grünanlagen gegenüber der Thomaskirche enthüllt. Der Quader trug Hillers Lebensdaten sowie die Namen der Stifterin und ihrer Schwestern, die ebenfalls Schülerinnen von Hiller waren. Die vier Frauen sind auch auf der erhaltenen Reliefplatte dargestellt.
Das Denkmal wurde Ende 1904 abgetragen, um es bei der Neugestaltung der Promenaden an leicht versetztem Standort wiederzuerrichten. Doch dann entschied die Stadtverwaltung, einzig die Reliefplatte zu erhalten. Sie wurde im Mai 1906 an der Thomaskirche angebracht.

Standort:
an der Thomaskirche, wenige Schritte nördlich des Mendelssohn-Portals

Station 1: Altes Bach-Denkmal

Station 2: Zweites Gewandhaus – Mendelssohn-Ufer

Station 3: Hochschule für Musik und Theater „Felix Mendelssohn Bartholdy“

Station 4: Schubert-Denkmal

Station 5: Rittergut Kleinzschocher

Station 6: Richard-Wagner-Hain

Station 7: Schillerhaus

Station 8: Gohliser Schlösschen

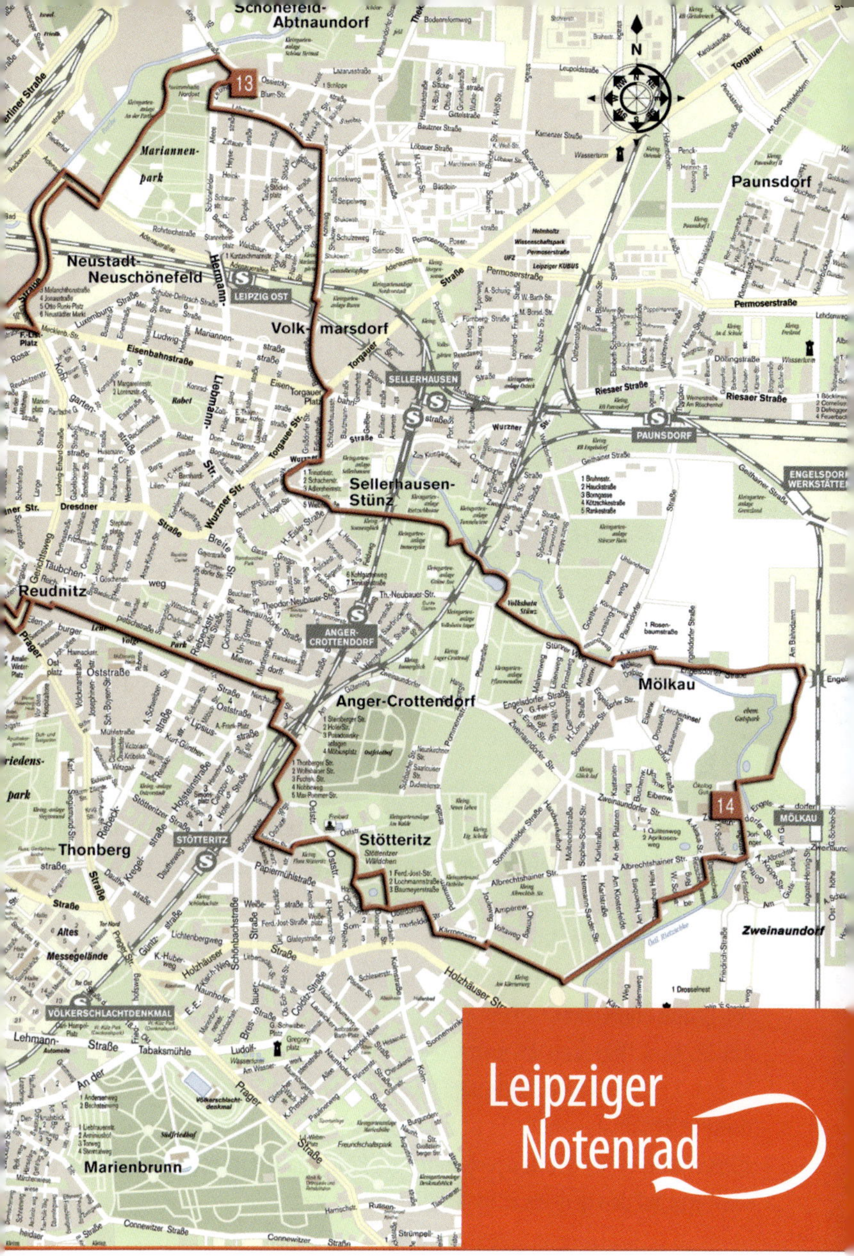

Leipziger Notenrad

Station 9: Zöllner-Denkmal
Station 10: Wohnhaus von Gustav Mahler
Station 11: Deutsche Zentralbücherei für Blinde
Station 12: Geburtshaus von Hanns Eisler
Station 13: Gedächtniskirche Schönefeld
Station 14: Zweinaundorfer Park – Stadtgut Mölkau
Station 15: Grassi-Museum für Musikinstrumente
Station 16: Neues Gewandhaus

Altes Bach-Denkmal

Bach-Denkmal von 1843

Das Bach-Denkmal verdankt seine Entstehung der Initiative Felix Mendelssohn Bartholdys. Es ist weltweit das erste Monument, welches zu Ehren Johann Sebastian Bachs errichtet wurde. Um es zu finanzieren, veranstaltete Mendelssohn drei Benefizkonzerte. So gab er im August 1840 ein Orgelkonzert in der Thomaskirche ↪ Notenspur-Station 17 und leitete im April 1841 am gleichen Ort eine Aufführung von Bachs Matthäus-Passion, die damit erstmals nach dem Tod des Komponisten wieder in Leipzig erklang.

Die Anfertigung des Gedenksteins übernahm der Leipziger Bildhauer August Hermann Knaur nach Entwürfen des Dresdner Malers Eduard Bendemann; den Korpus fertigte der Dresdner Steinmetzmeister Friedrich Moritz Hiller. Auf einem mit Säulen verzierten Sockel präsentieren sich dem Betrachter vier Reliefbilder: Die Nordseite zeigt das Porträt Bachs. Ein Orgel spielender Engel an der Ostseite steht als Sinnbild für Bachs Virtuosentum. Zwei Genien auf der Südseite weisen auf den Komponisten der Kirchenmusik hin, und die Darstellung der Westseite symbolisiert den Lehrer und Kantor.

Am 23. April 1843 fand das dritte Benefizkonzert im Gewandhaus ↪ Notenspur-Station 21 statt. Im Anschluss daran wurde das gegenüber der Thomasschule errichtete Denkmal enthüllt. Es ist bis heute nahezu vollständig original erhalten. 1888 wurde es bei der Neugestaltung der Promenadenanlage um einige Meter südwärts auf den gegenwärtigen Standort versetzt.

Standort:
in der Grünanlage gegenüber Dittrichring 8

Schubert-Denkmal

Schubert-Denkmal

Franz Schubert hat Leipzig nie besucht, aber mehrfach Kontakt zum Musikverlag Breitkopf & Härtel ↪ Notenspur-Station 8 aufgenommen – wohl in der Hoffnung, sich mit Hilfe des namhaften Verlags als Komponist in Deutschland besser etablieren zu können. Doch erst 1884 bis 1897 sollte die erste Gesamtausgabe seiner Werke bei Breitkopf & Härtel erscheinen.

Ebenso brauchte es Zeit, bis Schuberts Kompositionen Eingang in die Leipziger Konzertprogramme fanden. Die Uraufführung seiner „großen" C-Dur-Sinfonie am 21. März 1839 im Gewandhaus ↪ Notenspur-Station 21 unter der Leitung Felix Mendelssohn Bartholdys war zugleich die Premiere eines Schubertschen Werkes im Leipziger Konzerthaus. Robert Schumann hatte die Sinfonie in Wien im Nachlass Schuberts entdeckt und das Manuskript nach Leipzig geschickt.

Die Errichtung des Schubert-Denkmals erfolgte auf Initiative des Leipziger Männerchors. 1928 wandte sich der Chor an den Rat der Stadt Leipzig mit der Bitte, aus Anlass des bevorstehenden 100. Todestags Schuberts einen Platz nach ihm zu benennen und ein Denkmal für ihn aufzustellen. Ausgewählt wurde der Standort an der heutigen Anton-Bruckner-Allee im Clara-Zetkin-Park (ehemals König-Albert-Park). Das 1929 eingeweihte Denkmal wurde durch Spenden Leipziger Bürger finanziert. Die hohe, schlanke Stele ist das Werk der Bildhauerin Margarete Tschaplowitz-Seifert.

Standort:
Franz-Schubert-Platz,
nördlich der Anton-Bruckner-Allee

03 Siehe Notenbogen-Station 10

Rittergut Kleinzschocher

Toreinfahrt zum ehemaligen Rittergut

Das Rittergut Kleinzschocher wurde Mitte des 14. Jahrhunderts erstmals urkundlich erwähnt. Im 18. Jahrhundert befand es sich im Besitz der Familie von Dieskau. Als Carl Heinrich von Dieskau sein Erbe als Gutsherr antrat, wurde ihm zu Ehren am 30. August 1742 ein Fest ausgerichtet. Für diesen Anlass hatte Johann Sebastian Bach eine Huldigungsmusik komponiert, die sogenannte Bauernkantate, deren Uraufführung er selbst leitete. Der Text, der direkt auf den Jubilar und sein Gut Bezug nimmt, stammt von Johann Christian Henrici, der unter dem Pseudonym Picander zahlreiche Texte von Bach-Kantaten verfasst hat. Als Steuereinnehmer war Henrici ein Untergebener Dieskaus und offenbar bemüht, sich die Gunst seines Dienstherrn auch mit Hilfe seines dichterischen Talents zu erhalten. Möglicherweise hatte er die Komposition bei Bach in Auftrag gegeben. Der volkstümliche Titel „Bauernkantate" bezieht sich auf die sächsische Sprache und den Inhalt des Stückes, in dem eine Magd und ihr Liebster nicht nur dem neuen Herrn huldigen, sondern auch mit dem ungeliebten Schösser (Steuereintreiber) abrechnen.

Das im Verlauf der Jahrhunderte mehrfach umgestaltete und erweiterte Gutshaus wurde im Zweiten Weltkrieg zerstört. Heute stehen nur noch das ehemalige Schösserhaus, die Villa Tauchnitz – Hinterlassenschaft des einstigen Gutsbesitzers Christian Bernhard Tauchnitz – und die Toreinfahrt.

Adresse:
Kantatenweg 31 (Toreinfahrt)
04229 Leipzig

Richard-Wagner-Hain

In Hinblick auf Richard Wagners 50. Todestag im Jahr 1933 reiften Pläne für eine Gedenkstätte in seiner Geburtsstadt Leipzig. Am Ostufer des Elsterflutbeckens wurde der Richard-Wagner-Hain angelegt. Der großzügige Park sollte den Rahmen für eine Denkmalanlage bilden. Mit der Umsetzung dieser Idee beauftragte Oberbürgermeister Carl Goerdeler 1932 den Stuttgarter Bildhauer Emil Hipp, der aus dem Gestaltungswettbewerb als Sieger hervorgegangen war. Hipp hatte als zentralen Denkmalsblock einen monumentalen Fries mit einer Seitenlänge von zehn und einer Höhe von viereinhalb Metern vorgeschlagen. Darüber hinaus waren Reliefplatten für einen Teil der Umfassungsmauer, ein Brunnen mit den „Rheintöchtern" und eine Nische mit einer Siegfried-Figur vorgesehen.
Da Wagners Kunstauffassung und sein Antisemitismus den Absichten der Nationalsozialisten entgegenkamen, wurde der Gedanke einer Wagner-Gedenkstätte von ihnen unterstützt und vereinnahmt. 1934 erfolgte die Grundsteinlegung für das „Richard-Wagner-Nationaldenkmal" im Beisein von Adolf Hitler. Die Marmorreliefs für den Denkmalsblock waren bis 1944 fertiggestellt. Nach Ende des Zweiten Weltkriegs hatte die Leipziger Stadtverwaltung jedoch kein Interesse mehr, das Denkmal aufzustellen. Es wurde in Einzelteilen an verschiedene Personen verkauft. In den 1950er Jahren wurde der Richard-Wagner-Hain durch Bebauung fast um die Hälfte verkleinert.

Standort:
am Ostufer des Elsterflutbeckens,
südlich der Friedrich-Ludwig-Jahn-Allee

Schillerhaus

Im April 1785 kam der 25-jährige Friedrich Schiller nach Leipzig mit der Absicht, hier zu studieren. Es war sein erster von insgesamt sieben Besuchen in der Messestadt. Anfang Mai siedelte er in das nördlich von Leipzig gelegene Gohlis über und wohnte bis September im Haus des Bauern Schneider. Das 1717 erbaute Wohngebäude eines Dreiseitenhofs ist heute nicht nur eines der ältesten erhaltenen Bauernhäuser – wenn nicht gar das älteste – im Stadtgebiet Leipzigs (Gohlis wurde 1890 eingemeindet), sondern zugleich die älteste Literaturgedenkstätte Deutschlands. Bereits 1841 wurden eine Ehrenpforte errichtet und eine Gedenktafel am Haus angebracht; seit 1848 ist Schillers Wohnstube für die Öffentlichkeit zugänglich. Acht Jahre später erwarb der Schillerverein das Haus und richtete eine Gedenkstätte ein. Seit 1961 gehört das Schillerhaus zum Stadtgeschichtlichen Museum Leipzig.
In Gohlis begann Schiller sein Gedicht „An die Freude". Der Text wurde vielfach in Musik gesetzt, unter anderem von Christian Gottfried Körner, Johann Friedrich Reichardt und Franz Schubert. Weltberühmt wurde das Gedicht durch Ludwig van Beethovens Vertonung im Finalsatz seiner 9. Sinfonie. In Leipzig erklingt Beethovens „Neunte" traditionell zum Jahreswechsel. Begründet wurde diese Tradition in der Silvesternacht 1918: Im Rahmen einer vom Arbeiter-Bildungs-Institut veranstalteten „Friedens- und Freiheitsfeier" führte das Gewandhausorchester unter der Leitung von Arthur Nikisch das Werk auf.

Adresse:
Menckestraße 42
04155 Leipzig

Kontakt:
Telefon: +49.341.5662170
schillerhaus-leipzig@leipzig.de
www.stadtgeschichtliches-museum-leipzig.de

Öffnungszeiten:
April bis Oktober:
Dienstag bis Sonntag 10–18 Uhr
November bis März:
Mittwoch bis Sonntag 10–16 Uhr

Gohliser Schlösschen

Gohliser Schlösschen, Gartenansicht

Das Gohliser Schlösschen wurde 1755/56 als Sommersitz des Leipziger Ratsherrn Johann Caspar Richter erbaut. Der Ausbruch des Siebenjährigen Krieges verhinderte die Fertigstellung, erst Anfang der 1770er Jahre konnte die Arbeit wieder aufgenommen werden. Das Deckengemälde von Adam Friedrich Oeser, das den Festsaal des Schlosses schmückt, entstand 1779. Oeser, erster Direktor der Leipziger Kunstakademie und Zeichenlehrer Goethes, hat 40 Jahre in Leipzig gewirkt und unter anderem die Gemälde in Altarraum und Vorhalle der Nikolaikirche ↪ Notenspur-Station 12 geschaffen. Das Ende des 18. Jahrhunderts als „Musenhof am Rosental“ bekannte Schlösschen war Treffpunkt für zahlreiche Künstler und Gelehrte. Friedrich Schiller, der den Sommer 1785 in Gohlis verbrachte, soll zu den Gästen gehört haben.
Nach zahlreichen Besitzerwechseln war das Schlösschen zwischen 1951 und 1985 Sitz des Bach-Archivs Leipzig, der weltweit ersten Forschungseinrichtung, die sich die Zusammenführung und zentrale Archivierung aller Dokumente, die es von und zu Johann Sebastian Bach und seiner Familie gibt, zur Aufgabe gemacht hat.
Seit 2005 ist der Freundeskreis „Gohliser Schlösschen“ e.V. Betreiber des Hauses und veranstaltet regelmäßig sonntags in Kooperation mit der Musik- und Theaterhochschule und der Oper Leipzig Konzerte. Im Hof des Schlösschens finden jeden Sommer Theateraufführungen statt.

Adresse:
Menckestraße 23
04155 Leipzig

Kontakt:
Telefon: +49.341.589690
kontakt@gohliser-schloss.de
www.gohliser-schloss.de

Zöllner-Denkmal

Zöllner-Denkmal

Carl Friedrich Zöllner, geboren am 17. Mai 1800 im thüringischen Mittelhausen, besuchte von 1814 bis 1819 die Thomasschule in Leipzig. Anschließend immatrikulierte er sich als Theologiestudent an der Universität. Dank der Fürsprache seines ehemaligen Lehrers, des Thomaskantors Johann Gottfried Schicht, erhielt Zöllner 1820 eine Gesangslehrerstelle an der Leipziger Ratsfreischule. Er bekleidete dieses Amt 40 Jahre bis zu seinem Tod. Zöllners Liedvertonungen und Chorwerke trafen den Geschmack der Zeit und fanden rasch große Verbreitung. 1833 gründete er den ersten Zöllner-Verein, einen Männerchor, dem viele weitere folgten. Anlässlich des Schiller-Jubiläums 1859 dirigierte er 20 Chöre. Diese schlossen sich 1861 zum Leipziger Zöllner-Bund zusammen, der bis 1945 bestand und Vorbild für ähnliche Gründungen in ganz Deutschland war.

Vom Zöllner-Bund ging die Initiative aus, den im September 1860 verstorbenen Namenspatron mit einem Monument zu ehren. Am 24. Mai 1868 wurde das von August Hermann Knaur geschaffene Denkmal im Rosental enthüllt. Die starken Verwitterungsspuren an der Marmorbüste machten 80 Jahre später die Anfertigung einer Kopie notwendig, die 1950 anlässlich des 150. Geburtstags Zöllners aufgestellt wurde. Vier gusseiserne Sängerknaben, die mit ihren aufgeschlagenen Liederbüchern die Eckpunkte des Sockels besetzen, erinnern an die Verdienste des Gesangspädagogen.

Standort:
im Rosental, im Wäldchen nördlich der Einmündung der Jacob- in die Emil-Fuchs-Straße

10 Siehe Notenbogen-Station 05

Geburtshaus von Hanns Eisler

Hanns Eisler kam am 6. Juli 1898 als jüngstes von drei Kindern in der Leipziger Gartenstraße 14 (heute Hofmeisterstraße) zur Welt. Sein Vater Rudolf Eisler war 1893 aus Wien nach Leipzig gezogen, um bei dem Psychologen und Philosophen Wilhelm Wundt zu promovieren. In Leipzig verfasste er das „Wörterbuch der philosophischen Begriffe und Ausdrücke", das bis heute als eines der Standardwerke der Schulphilosophie gilt. 1896 heiratete Rudolf Eisler die Leipziger Handwerkerstochter Ida Maria Fischer. Fünf Jahre später zog die Familie nach Wien.
Dort nahm Hanns Eisler von 1919 bis 1923 Privatunterricht bei Arnold Schönberg, der ihn für einen seiner begabtesten Schüler hielt. 1926 übersiedelte Eisler nach Berlin, wo er unter anderem mit Bertolt Brecht zusammenarbeitete. Seine Vertonungen Brechtscher Texte weisen ihn als einen der größten Liederkomponisten des 20. Jahrhunderts aus.
1933 wählte Eisler wie viele Künstler das Exil. Sein Weg führte ihn durch mehrere europäische Länder und von 1938 bis 1948 in die USA. Danach ging er seiner Überzeugung entsprechend in den Osten Deutschlands. Zwar war er der Komponist der Nationalhymne, doch fand er kaum Anerkennung in der DDR; nur wenige seiner Werke kamen zur Aufführung.
Anfang der 60er Jahre plante Eisler, eine Sinfonie für das Gewandhausorchester zu schreiben, doch der Tod des Komponisten am 6. September 1962 verhinderte die Ausführung der Idee.

Adresse:
Hofmeisterstraße 14
04103 Leipzig

11 Siehe Notenbogen-Station 04

Gedächtniskirche Schönefeld

Traukirche der Schumanns

Das Dorf Schönefeld wurde in der Völkerschlacht 1813 weitgehend zerstört. Sieben Jahre brauchte die Gemeinde allein für den Wiederaufbau der Kirche; 1820 wurde diese in ihrer heutigen Form geweiht. Das barock anmutende Gebäude beherbergt einen schlichten, klassizistisch geprägten Innenraum. Am 12. September 1840 wurden Clara Wieck und Robert Schumann hier getraut. Roberts ehemaliger Mitschüler aus Zwickau Karl August Wildenhahn nahm die Trauung vor. Der Hochzeit ging ein Rechtsstreit mit Claras Vater Friedrich Wieck voraus, der in die Eheschließung nicht einwilligen wollte. Über ihren Hochzeitstag berichtet die Braut in ihrem Tagebuch: „Um 10 Uhr ging die Trauung vor sich, ein Choral begann, dann sprach der Prediger ... Wildenhahn eine kurze einfache, aber von Herzen zu Herzen gehende Rede. Mein ganzes Innere war von Dank erfüllt zu Dem, der uns doch endlich über so viele Felsen und Klippen einander zugeführt ..." Einen Tag nach der Trauung zogen Robert und Clara Schumann in die Leipziger Inselstraße ↪ Notenspur-Station 7, wo sie bis zu ihrem Umzug nach Dresden 1844 die wohl glücklichsten Ehejahre verlebten.

Jedes Jahr am 12. September veranstalten die Evangelisch-lutherische Gemeinde und der Robert-und-Clara-Schumann-Verein Leipzig ein Konzert in der Gedächtniskirche.

Adresse:
Ossietzkystraße 39
04347 Leipzig

Kontakt:
Telefon: +49.341.6014081
kg.leipzignordost@evlks.de
www.matthaeusgemeinde-leipzig.de

Zweinaundorfer Park – Stadtgut Mölkau

Stadtgut Mölkau

Das am östlichen Stadtrand von Leipzig gelegene Gut Mölkau wurde schon im 14. Jahrhundert urkundlich erwähnt. Mitte des 18. Jahrhunderts veranlassten die Besitzer die Umgestaltung des Auenwalds nördlich ihres Gutes zu einer parkähnlichen Anlage im Stil eines englischen Gartens. Die großzügige Parkanlage zählte bald zu den beliebtesten Ausflugszielen Leipziger Bürger.
Robert Schumann beispielsweise benutzte den Landschaftspark vom Beginn seines Jurastudiums 1828 an als Refugium. In der Ruhe und Abgehobenheit des „Tempelbergs", den damals ein Pavillon zierte und der zu den Lieblingsplätzen des Komponisten gehörte, reiften seine musikalischen und poetischen Ideen. Auch an seinem Hochzeitstag im September 1840 besuchte er mit seiner Braut Clara den Park. Nachdem das Künstlerpaar die Wohnung in der Leipziger Inselstraße ↪ Notenspur-Station 7 bezogen hatte, machte sich Schumann einen täglichen Spaziergang zur Gewohnheit. Der Zweinaundorfer Park war dafür ein gern gewähltes Ziel des Komponisten. Das viele Jahre vernachlässigte Gut wurde in den 1990er Jahren wieder hergerichtet und der Park nach altem Vorbild neu angelegt. Heute kann man wieder, wie die Brautleute von 1840, unter denselben Platanen wandeln, durch eine Lindenallee schreiten und über die Östliche Rietzschke hinweg zum Tempelberg wandern.

Adresse:
Kelbestraße 3
04316 Leipzig

Kontakt:
Telefon: +49.341.44233111
landgasthof@stadtgutleipzigmoelkau.de
www.stadtgutleipzigmoelkau.de

Allgemeine Informationen

Tourist-Information:

Adresse

Leipzig Tourismus und
Marketing GmbH
Richard-Wagner-Straße 1
04109 Leipzig

Kontakt

Telefon: +49.341.7104-260 oder 265
Telefax: +49.341.7104-271 oder 276
info@ltm-leipzig.de
www.leipzig.de und
www.ltm-leipzig.de

Öffnungszeiten

März bis Oktober

- Montag bis Freitag 9.30 – 18 Uhr
- Samstag 9.30 – 16 Uhr
- Sonn- und Feiertage 9.30 – 15 Uhr

November bis Februar

- Montag bis Freitag 10 – 18 Uhr
- Samstag 9.30 – 16 Uhr
- Sonn- und Feiertage 9.30 – 15 Uhr

Weitere Adressen:

Leipziger Verkehrsbetriebe GmbH

Karl-Liebknecht-Straße 12
04107 Leipzig
Telefon: +49.341.19449
Telefax: +49.341.4922079
info@lvb.de
www.lvb.de

Mitteldeutscher Verkehrsverbund GmbH

Karl-Liebknecht-Straße 8
04107 Leipzig
Telefon: +49.1803.223399
Telefax: +49.341.86843-99
post@mdv.de
www.mdv.de

15 Siehe Notenspur-Station 05

16 Siehe Notenspur-Station 01

Panorama von Leipzig

Serviceleistungen:

Leipzig Card

- Freie Fahrt auf allen Straßenbahn- und Buslinien der Leipziger Verkehrsbetriebe innerhalb der Stadtgrenzen (Tarifzone 110)
- Zehn Prozent Ermäßigung bei der „Großen Leipzig-Stadtrundfahrt mit der Straßenbahn"
- Preisvorteile bei Rundgängen, Rundfahrten und Führungen
- Freier Eintritt oder Ermäßigungen bis zu 50 Prozent in Museen
- Ermäßigung bei Festivals, in Konzert- und Theaterhäusern sowie in Kabarettvorstellungen
- Preisvorteile in Restaurants, in Einzelhandelsgeschäften und in der Tourist-Information

Veranstaltungstickets

Telefon: +49.341.7104-285 oder 290
Telefax: +49.341.7104-286
ticket@ltm-leipzig.de

Stadtrundfahrten und -spaziergänge

Telefon: +49.341.7104-280
Telefax: +49.341.7104-231
info@leipzig-erleben.com
Stadtrundgänge „Auf der Leipziger Notenspur" unter www.leipzig-erleben.com

Vermittlung einer attraktiven Aufenthaltsgestaltung

Telefon: +49.341.7104-275
Telefax: +49.341.7104-251
incoming@ltm-leipzig.de
Angebote zum Thema „Musikstadt Leipzig" unter www.ltm-leipzig.de

Zimmervermittlung

Telefon: +49.341.7104-255
Telefax: +49.341.7104-253
zimmer@ltm-leipzig.de
Onlinebuchungen über www.ltm-leipzig.de

Notenspur, Notenbogen und Notenrad sind eingetragene Wortmarken.
Markeninhaberin ist die Universität Leipzig, Urheber Werner Schneider.

Herausgeber: Claudius Böhm und Werner Schneider
Autorin: Cornelia Thierbach

Herausgeber und Autorin danken für ihre Mitarbeit:
Juliane Bally, Georg Christoph Biller, Hella Brock, Petra Dießner, Otto Werner Förster, Eszter Fontana, Wolfgang Gröger, Birgit Heise, Birgit Hendrich, Rene Jacobi, Hans Joachim Köhler, Thomas Krakow, Elena Krauße, Helmut Loos, Heide Luckmann, Doris Mundus, Thomas Schinköth, Katrin Schmidinger, Christiane Schmidt, Christiane Sporn, Christine Villinger, Stefan Voerkel, Sieglinde Werner, Barbara Wiermann, Kerstin Wiese, Werner Wolf

Bildnachweis:
Bach-Archiv Leipzig (S. 43), Gewandhaus (S. 9, 49), LTM/Michael Bader (S. 6/7, 83), Mendelssohn-Haus (S. 11, 68), Gert Mothes (S. 35, 69), Museum für Musikinstrumente Leipzig/Marion Wenzel (S. 17), Oper Leipzig/Andreas Birkigt (S. 27), Punctum/Bertram Kober (S. 21), Werner Schneider (S. 19, 29, 73, 77, 78, 81), Stadtgeschichtliches Museum Leipzig (S. 23, 39, 45, 47, 51, 54, 55, 61, 64, 65, 67), Cornelia Thierbach (S. 33, 37), Verlag Klaus-Jürgen Kamprad/Carsten Schenker (S. 13, 15, 25, 31, 41, 53, 58, 63, 72, 74, 80)

Satz/Layout: Verlag Klaus-Jürgen Kamprad/Theresia Krieger, Susanne Rödel
Umschlaggestaltung: Moosbauer&Huennerkopf/Bernhard Moosbauer
Porträts von links oben nach rechts unten: Johann Sebastian Bach, Hanns Eisler, Edvard Grieg, Albert Lortzing, Gustav Mahler, Felix Mendelssohn Bartholdy, Max Reger, Erwin Schulhoff, Robert Schumann, Georg Philipp Telemann, Richard Wagner, Clara Wieck
Karten: © g.kirchhof 07.2009 · atelier für kommunikation & design · Tel. +49.34292.77411
Herstellung: Druckhaus „Thomas Müntzer" GmbH

ISBN 978-3-930550-61-6

www.notenspur-leipzig.de
www.vkjk.de

Notenspur
Förderverein e.V.